Imprimé par Jean M'Creery,
Black Horse Court, Fleet-street, Londres.

MANUSCRIT

VENU DE

ST. HÉLÈNE,

D'UNE

MANIÈRE INCONNUE.

QUATRIÈME ÉDITION.

LONDON:

JOHN MURRAY, ALBEMARLE STREET.

1817.

ADVERTISEMENT.

THIS Work, which is equally distinguished by its spirit and its ingenuity, was given to the Publisher, with an assurance of its being brought from St. Helena, though an air of mystery was affectedly thrown round the mode of its conveyance.

Whether it be really written by Buonaparte, or by some confidential friend, is a matter that must be left entirely to conjecture. It bears some resemblance to his style, more to his manner, and is altogether just what the ostensible Author, or an able apologist under his name, might be expected to say of his opinions, motives, and actions.

MANUSCRIT,

&c.

JE n'écris pas des commentaires : car les événemens de mon règne sont assez connus, et je ne suis pas obligé d'alimenter la curiosité publique. Je donne le précis de ces événemens, parceque mon caractère et mes intentions peuvent être étrangement défigurés, et je tiens à paraître tel que j'ai été aux yeux de mon fils, comme à ceux de la postérité.

C'est le but de cet écrit. Je suis forcé d'employer une voie détournée pour le faire paraître. Car s'il tombait dans les mains des ministres Anglais, je sais, par expérience, qu'il resterait dans leurs bureaux.

B

MA vie a été si étonnante, que les admirateurs de mon pouvoir ont pensé que mon enfance même avait été extraordinaire. Ils se sont trompés. Mes premières années n'ont rien eu de singulier. Je n'étais qu'un enfant obstiné et curieux. Ma première éducation a été pitoyable, comme tout ce qu'on faisait en Corse. J'ai appris assez facilement le Français, par les militaires de la garnison, avec lesquels je passais mon tems.

Je réussissais dans ce que j'entreprenais parceque je le voulais : mes volontés étaient fortes, et mon caractère décidé. Je n'hésitais jamais ; ce qui m'a donné de l'avantage sur tout le monde. La volonté dépend, au reste, de la trempe de l'individu ; il n'appartient pas à chacun d'être maître chez lui.

Mon esprit me portait à détester les illusions. J'ai toujours discerné la vérité de plein saut. C'est pourquoi j'ai toujours vu mieux que d'autres le fond des choses. Le monde a toujours été pour

moi dans le fait, et non dans le droit.
Aussi n'ai-je ressemblé à peu-près à personne. J'ai été, par ma nature, toujours
isolé.

Je n'ai jamais compris quel serait le
parti que je pourrais tirer des études, et
dans le fait elles ne m'ont servi qu'à
m'apprendre des méthodes. Je n'ai re-
tiré quelque fruit que des mathématiques. Le reste ne m'a été utile à rien ;
mais j'étudiais par amour propre.

Mes facultés intellectuelles prenaient
cependant leur essor, sans que je m'en
mêlasse. Elles ne consistaient que dans
une grande mobilité des fibres de mon
cerveau. Je pensais plus vîte que les
autres. Ensorte qu'il m'est toujours resté
du tems pour réfléchir. C'est en cela qu'a
consisté ma profondeur.

Ma tête était trop active, pour m'amuser
avec les divertissemens ordinaires de la
jeunesse. Je n'y étais pas totalement
étranger ; mais je cherchais ailleurs de
quoi m'intéresser. Cette disposition me
plaçait dans une espèce de solitude où
je ne trouvais que mes propres pensées.

Cette manière d'être m'a été habituelle dans toutes les situations de ma vie.

Je me plaisais à résoudre des problèmes : je les cherchais dans les mathématiques ; mais j'en eus bientôt assez, parceque l'ordre matériel est extrêmement borné. Je les cherchai alors dans l'ordre moral : c'est le travail qui m'a le mieux réussi. Cette recherche est devenue chez moi une disposition habituelle. Je lui ai dû les grands pas que j'ai fait faire à la politique et à la guerre.

Ma naissance me destinait au service : c'est pourquoi j'ai été placé dans les écoles militaires. J'obtins une lieutenance au commencement de la Révolution. Je n'ai jamais reçu de titre avec autant de plaisir que celui-là. Le comble de mon ambition se bornait alors à porter un jour une épaulette à bouillons sur chacune de mes épaules : un colonel d'artillerie me paraissait le *Ne plus ultra* de la grandeur humaine.

J'étais trop jeune dans ce tems pour mettre de l'intérêt à la politique. Je ne jugeais pas encore de l'homme en masse.

Aussi je n'étais ni surpris ni effrayé du désordre qui régnait à cette époque, parceque je n'avais pû la comparer avec aucune autre. Je m'accomodai de ce que je trouvai. Je n'étais pas encore difficile.

On m'employa dans l'armée des Alpes. Cette armée ne faisait rien de ce que doit faire une armée. Elle ne connaissait ni la discipline ni la guerre. J'étais à mauvaise école. Il est vrai que nous n'avions pas d'ennemis à combattre ; nous n'étions chargés que d'empêcher les Piémontais de passer les Alpes, et rien n'était si facile.

L'anarchie régnait dans nos cantonnemens : le soldat n'avait aucun respect pour l'officier ; l'officier n'en avait guères pour le général : ceux-ci étaient tous les matins destitués par les Représentans du Peuple : l'armée n'accordait qu'à ces derniers l'idée du pouvoir, la plus forte sur l'esprit humain. J'ai senti dès-lors le danger de l'influence civile sur le militaire, et j'ai sçu m'en garantir.

Ce n'était pas le talent, mais la loquacité, qui donnait du crédit dans l'armée :

tout y dépendait de cette faveur populaire, qu'on obtient par des vociférations.

Je n'ai jamais eu avec la multitude cette
communauté de sentimens qui produit
l'éloquence des rues. Je n'ai jamais eu
le talent d'émouvoir le peuple. Aussi je
ne jouais aucun rôle dans cette armée.
J'en avais mieux le tems de réfléchir.

J'étudiais la guerre; non sur le papier,
mais sur le terrein. Je me trouvai pour
la première fois au feu dans une petite
affaire de tirailleurs, du côté du Mont
Genèvre. Les balles étaient clairsemées;
elles ne firent que blesser quelques uns
de nos gens. Je n'éprouvai pas d'émotion; cela n'en valait pas la peine; j'ex-
aminai l'action. Il me parut évident
qu'on n'avait des deux côtés aucune in-
tention de donner un résultat à cette fu-
sillade. On se tiraillait seulement pour
l'acquit de sa conscience, et parceque
c'est l'usage à la guerre. Cette nullité
d'objet me déplut; la résistance me donna
de l'humeur: je reconnus notre terrein;
je pris le fusil d'un blessé, et j'engageai
un bon-homme de capitaine qui nous

commandait, à nourrir son feu, pendant que j'irais avec une douzaine d'hommes couper la retraite des Piémontais.

Il m'avait paru facile d'atteindre une hauteur qui dominait leur position, en passant par un bouquet de sapins, sur lequel notre gauche s'appuyait. Notre capitaine s'échauffa ; sa troupe gagna du terrein ; elle nous renvoya l'ennemi, et lorsqu'il fut ébranlé, je démasquai mes gens. Notre feu gêna sa retraite ; nous lui fîmes quelques morts, et vingt prisonniers. Le reste se sauva.

J'ai raconté mon premier fait d'armes, non parcequ'il me valut le grade de capitaine, mais parcequ'il m'initia au secret de la guerre. Je m'apperçus qu'il était plus facile qu'on ne croit de battre l'ennemi, et que ce grand art consiste à ne pas tâtonner dans l'action, et surtout à ne tenter que des mouvemens décisifs, parceque c'est ainsi qu'on enlève le soldat.

J'avais gagné mes éperons ; je me croyais de l'expérience. D'après cela je me sentis beaucoup d'attrait pour un métier qui me réussissait si bien. Je ne

pensai qu'à cela, et je me donnai à résoudre tous les problêmes qu'un champ
de bataille peut offrir. J'aurais voulu
étudier aussi la guerre dans les livres,
mais je n'en avais point. Je cherchai à
me rappeller le peu que j'avais lû dans
l'histoire, et je comparais ces récits avec
le tableau que j'avais sous les yeux. Je
me suis fait ainsi une théorie de la guerre,
que le tems a développé, mais n'a jamais
démenti.

Je menai cette vie insignifiante jusqu'au siége de Toulon. J'étais alors chef
de bataillon, et comme tel, je pus avoir
quelque influence sur le succès de ce
siége.

Jamais armée ne fut plus mal menée
que la nôtre. On ne savait qui la commandait. Les généraux ne l'osaient pas, de
peur des Représentans du Peuple; ceux-
ci avaient encore plus de peur du Comi-
té de Salut Public. Les commissaires
pillaient, les officiers buvaient, les soldats mouraient de faim; mais ils avaient
de l'insouciance et du courage. Ce désordre même leur inspirait plus de bra-

voure que la discipline. Aussi suis-je resté convaincu que les armées mécaniques ne valent rien : elles nous l'ont prouvé.

Tout se faisait au camp par motions et par acclamations. Cette manière de faire m'était insupportable, mais je ne pouvais pas l'empêcher, et j'allai à mon but sans m'en embarasser.

J'étais peut-être le seul dans l'armée qui eût un but ; mais mon goût était d'en mettre au bout de tout. Je ne m'occupai que d'éxaminer la position de l'ennemi et la nôtre. Je comparai ses moyens moraux et les nôtres. Je vis que nous les avions tous, et qu'il n'en avait point. Son expédition était un misérable coup de tête, dont il devait prévoir d'avance la catastrophe, et l'on est bien faible quand on prévoit d'avance sa déroute.

Je cherchai les meilleurs points d'attaque ; je jugeai la portée de nos batteries, et j'indiquai les positions où il fallait les placer. Les officiers expérimentés les trouvèrent trop dangereuses, mais on ne gagne pas des batailles avec de l'expéri-

ence. Je m'obstinai ; j'exposai mon plan
à Barras : il avait été marin : ces braves
gens n'entendent rien à la guerre, mais
ils ont de l'intrépidité. Barras l'approu-
va, parcequ'il voulait en finir. D'ailleurs
la Convention ne lui demandait pas
compte des bras et des jambes, mais du
succès.

Mes artilleurs étaient braves, et sans
expérience. C'est la meilleure de toutes
les dispositions pour les soldats. Nos attaques réussirent : l'ennemi s'intimidait ;
il n'osait plus rien tenter contre nous.
Il nous envoyait bêtement des boulets,
qui tombaient où ils pouvaient, et ne servaient à rien. Les feux que je dirigeais
allaient mieux au but. J'y mettais beaucoup de zèle, parceque j'en attendais mon
avancement : j'aimais d'ailleurs le succès
pour lui-même. Je passais mon tems aux
batteries ; je dormais dans nos épaule-
mens. On ne fait bien que ce qu'on fait
soi-même. Les prisonniers nous appre-
naient que tout allait au diable dans la
place. On l'évacua enfin d'une manière
effroyable.

Nous avions bien mérité de la patrie.
On me fit général de brigade. Je fus em-
ployé, dénoncé, destitué, ballotté, par les
intrigues et les factions. Je pris en hor-
reur l'anarchie qui était alors à son comble,
et je ne me suis jamais raccommodé
avec elle. Ce gouvernement massacreur
m'était d'autant plus antipathique qu'il
était absurde, et se dévorait lui-même.
C'était une révolution perpétuelle, dont
les meneurs ne cherchaient pas seulement à s'établir d'une manière permanente.

Général, mais sans emploi, je fus à
Paris, parcequ'on ne pouvait en obtenir
que là. Je m'attachai à Barras, parceque
je n'y connaissais que lui. Roberspierre
était mort ; Barras jouait un rôle ; il
fallait bien m'attacher à quelq'un et à
quelque chose.

L'affaire des Sections se préparait : je
n'y mettais pas un grand intérêt, parceque
je m'occupais moins de politique que de
guerre. Je ne pensais pas à jouer un
rôle dans cette affaire ; mais Barras me

proposa de commander sous lui la force
armée contre les insurgés. Je préférais,
en qualité de général, d'être à la tête des
troupes, plûtôt qu'à me jetter dans les
rangs des Sections, où je n'avois rien à
faire.

Nous n'avions, pour garder la Salle du
Manège, qu'une poignée d'hommes, et
deux pièces de quatre. Une colonne de
Sectionaires vint nous attaquer pour son
malheur. Je fis mettre le feu à mes pièces,
les Sectionaires se sauvèrent ; je les fis
suivre ; ils se jettèrent sur les Gradins de
St. Rocq. On n'avait pû passer qu'une
pièce, tant la rue était étroite. Elle fit
feu sur cette cohue, qui se dispersa en
laissant quelques morts : le tout fut ter-
miné en dix minutes.

Cet évenement, si petit en lui-même,
eut de grandes conséquences : il empêcha la Révolution de rétrograder. Je
m'attachai naturellement au parti pour
lequel je venais de me battre, et je me
trouvai lié à la cause de la Révolution.

Je commençai à la mesurer, et je restai

convaincu qu'elle serait victorieuse,
parcequ'elle avait pour elle l'opinion,
le nombre, et l'audace.

L'affaire des Sections m'éleva au grade
de général de division, et me valut une
sorte de célébrité. Comme le parti vain-
queur était inquiet de sa victoire, il me
garda à Paris malgré moi ; car je n'avais
d'autre ambition que celle de faire la
guerre dans mon nouveau grade.

Je restai donc désœuvré sur le pavé de
Paris. Je n'y avais pas de relations ; je
n'avais aucune habitude de la société, et
je n'allais que dans celle de Barras, où
j'étais bien reçu. C'est là où j'ai vu, pour
la première foi, ma femme, qui a eu une
grande influence sur ma vie, et dont la
mémoire me sera toujours chère.

Je n'étais pas insensible aux charmes
des femmes, mais jusqu'alors elles ne
m'avaient pas gâté ; et mon caractère me
rendait timide auprès d'elles. Mad. de
Beauharnais est la première qui m'ait
rassuré. Elle m'adressa des choses flat-
teuses sur mes talens militaires, un jour

où je me trouvai placé auprès d'elle. Cet éloge m'énivra ; je m'adressai continuellement à elle ; je la suivais partout ; j'en étais passionément amoureux, et notre société le savait déjà, que j'étais encore loin d'ôser le lui dire.

Mon sentiment s'ébruita ; Barras m'en parla. Je n'avais pas de raisons pour le nier. " En ce cas," me dit-il, " il faut " que vous épousiez Mad. de Beauharnais. " Vous avez un grade et des talens à " faire valoir ; mais vous êtes isolé, sans " fortune, sans relations ;—il faut vous " marier—cela donne de l'aplomb. Mad. " de Beauharnais est agréable et spiritu- " elle, mais elle est veuve. Cet état ne " vaut plus rien aujourd'hui ; les fem- " mes ne jouent plus de rôle ; il faut " qu'elles se marient pour avoir de la " consistance. Vous avez du caractére ; " vous ferez votre chemin ;—vous lui " convenez ;—voulez-vous me charger de " cette négociation ?"

J'attendis la réponse avec anxiété. Elle fut favorable : Mad. de Beauharnais m'ac-

cordait sa main, et s'il y a eu des momens
de bonheur dans ma vie, c'est à elle que
je les ai dû.

Mon attitude dans le monde changea
après mon mariage. Il s'était refait, sous
le Directoire, une manière d'ordre social
dans lequel j'avais pris une place assez
élevée. L'ambition devenait raisonnable
chez moi : je pouvais aspirer à tout.

En fait d'ambition, je n'en avais pas
d'autre que celle d'obtenir un commandement en chef ; car un homme n'est
rien, s'il n'est précédé d'une réputation
militaire. Je croyais être sûr de faire la
mienne, car je me sentais l'instinct de la
guerre ; mais je n'avais pas de droits
fondés pour faire une pareille demande.
Il fallait me les donner. Dans ce tems là
ce n'était pas difficile.

L'armée d'Italie était au rebut, parcequ'on ne l'avait destinée à rien. Je pensai
à la mettre en mouvement pour attaquer
l'Autriche sur le point où elle avait plus
de sécurité ; c'est-à-dire en Italie.

Le Directoire était en paix avec la
Prusse et l'Espagne ; mais l'Autriche,

soldée par l'Angleterre, fortifiait son état
militaire, et nous tenait tête sur le Rhin.
Il était évident que nous devions faire
une diversion en Italie, pour ébranler
l'Autriche, pour donner une leçon aux
petits princes d'Italie qui s'étaient ligués
contre nous ; pour donner, enfin, une
couleur décidée à la guerre, qui n'en
avait point jusqu'alors.

Ce plan était si simple ; il convenait si
bien au Directoire, parcequ'il avait besoin de succès pour faire son crédit, que
je me hâtais de le présenter, de peur
d'être prévenu. Il n'éprouva pas de contradiction, et je fus nommé général en
chef de l'armée d'Italie.

Je partis pour la joindre. Elle avait
reçu quelques renforts de l'armée d'Espagne, et je la trouvais forte de cinquante
mille hommes, dépourvus de tout, si ce
n'est de bonne volonté. J'allais la mettre
à l'épreuve. Peu de jours après mon
arrivée, j'ordonnai un mouvement général sur toute la ligne. Elle s'étendait de
Nice jusqu'à Savone. C'était au commencement d'Avril, 1796.

En trois jours nous enlevâmes tous les postes Austro-Sardes, qui defendaient les hauteurs de la Ligurie. L'ennemi, attaqué brusquement, se rassembla. Nous le rencontrâmes le 10 à Montenolle : il fut battu. Le 14, nous l'attaquâmes á Millesimo ; il fut encore battu, et nous séparames les Autrichiens des Piémontais. Ceux-ci vinrent prendre position à Mondovi, tandis que les Autrichiens se retiraient sur le Pô, pour couvrir la Lombardie.

Je battis les Piémontais. En trois jours je m'emparai de toutes les positions du Piémont, et nous étions à neuf lieues de Turin, lorsque je reçus un aide-de-camp qui venait demander la paix.

Je me regardais alors, pour la première fois, non-plus comme un simple général, mais comme un homme appelé à influer sur le sort des peuples. Je me vis dans l'histoire.

Cette paix changeait mon plan. Il ne se bornait plus à faire la guerre en Italie, mais à la conquérir. Je sentais qu'en élargissant le terrein de la Révolution, je

c

donnais une base plus solide à son édifice. C'était le meilleur moyen d'assurer son succès.

La Cour de Piémont nous avait cédé toutes ses places fortes. Elle nous avait remis son pays. Nous étions maîtres par là des Alpes et des Appenins. Nous étions assurés de nos points d'appui, et tranquilles sur notre retraite.

Dans une si belle position, j'allai attaquer les Autrichiens. Je passai le Pô à Plaisance, et l'Adda à Lodi : ce ne fut pas sans peines, mais Beaulieu se retira, et j'entrai dans Milan.

Les Autrichiens firent des efforts incroyables pour reprendre l'Italie. Je fus obligé de défaire cinq fois leurs armées pour en venir à-bout.

Maître de l'Italie, il fallait y établir le système de la Révolution, afin d'attirer ce pays à la France, par des principes et des intérêts communs :—c'est-à-dire qu'il fallait y détruire l'ancien régime pour y établir l'égalité ; parcequ'elle est la cheville ouvrière de la Revolution. J'allais donc avoir sur les bras le clergé, la no-

blesse, et tout ce qui vivait à leur table.
Je prévoyais ces résistances, et je résolus
de les vaincre par l'autorité des armes, et
sans ameuter le peuple.

J'avais fait de grandes actions, mais il
fallait prendre une attitude et un langage
analogue. La Révolution avait détruit
chez nous toute espèce de diguité : je ne
pouvais pas rendre à la France une pompe
royale : je lui donnai le lustre des victoires, et le langage du maître.

Je voulais devenir le protecteur de
l'Italie, et non son conquérant. J'y suis
parvenu, en maintenant la discipline de
l'armée, en punissant sévèrement les ré-
voltes, et surtout en instituant la République Cisalpine. Par cette institution je
satisfaisais le vœu prononcé des Italiens
—celui d'être indépendans. Je leur
donnai ainsi de grandes espérances ; il
ne dépendait que d'eux de les réaliser en
se liant à notre cause. C'était des alliés
que je donnais à la France.

Cette alliance durera longtems entre
les deux peuples, parcequ'elle s'est fondée sur des services et des intérêts com-

muns. Ces deux peuples ont les mêmes
opinions et les mêmes mobiles. Ils auraient conservé sans moi leur vieille inimitié.

Sûr de l'Italie, je ne craignis pas de
m'avanturer jusqu'au centre de l'Autriche. J'arrivai jusqu'à la vue de
Vienne, et je signai là le Traité de Campo
Formio. Ce fut un acte glorieux pour
la France.

Le parti que j'avais favorisé au 18
Fructidor, était resté maître de la République. Je l'avais favorisé parceque
c'était le mien, et parceque c'était le seul
qui pût faire marcher la Révolution. Or,
plus je m'étais mêlé des affaires, plus je
m'étais convaincu qu'il fallait achever
cette Révolution, parcequ'elle était le
fruit du siécle et des opinions. Tout ce
qui retardait sa marche ne servait qu'à
prolonger la crise.

La paix était faite sur le Continent;
nous n'étions plus en guerre qu'avec
l'Angleterre; mais, faute de champ de
bataille, cette guerre nous laissait dans
l'inaction. J'avais la conscience de mes

moyens ; ils étaient de nature à me mettre en évidence, mais ils n'avaient point
d'emploi. Je savais cependant qu'il fallait fixer l'attention pour rester en vue,
et qu'il fallait tenter pour cela des choses
extraordinaires : parceque les hommes
savent gré de les étonner. C'est en vertu
de cette opinion que j'ai imaginé l'expédition d'Egypte. On a voulu l'attribuer
à de profondes combinaisons de ma part;
je n'en avais pas d'autres que celle de ne
pas rester oisif, après la paix que je venais de conclure.

Cette expédition devait donner une
grande idée de la puissance de la France :
elle devait attirer l'attention sur son
chef; elle devait surprendre l'Europe
par sa hardiesse. C'étaient plus de motifs
qu'il n'en fallait pour la tenter ; mais je
n'avais pas alors la moindre envie de dé-
trôner le Grand Turc, ni même de me
faire Pacha.

Je préparais le départ dans un profond
secret. Il était nécessaire au succès, et
il ajoutait au caractère singulier de l'expédition.

La flotte mit à la voile. J'étais obligé de détruire, en passant, cette gentilhomière de Malte, parcequ'elle ne servait qu'aux Anglais. Je craignais que quelque vieux levain de gloire ne portât ces chevaliers à se défendre et à me retarder : ils se rendirent, par bonheur, plus honteusement que je ne m'en étais flatté.

La bataille d'Aboukir détruisit la flotte, et livra la mer aux Anglais. Je compris, dès ce moment, que l'expédition ne pouvait se terminer que par une catastrophe : —car toute armée qui ne se récrute pas, finit toujours par capituler, un peu plus tôt ou un peu plus tard.

Il fallait en attendant rester en Egypte, puisqu'il n'y avait pas moyen d'en sortir. Je me décidai à faire bonne mine à mauvais jeu. J'y réussis assez bien.

J'avais une belle armée ; il fallait l'occuper, et j'achevais la conquête de l'Egypte, pour employer son tems à quelque chose. J'ai livré par là aux sciences le plus beau champ qu'elles aient jamais exploité.

Nos soldats étaient un peu surpris de se trouver dans l'héritage de Sésostris.

mais ils prirent bien la chose, et il était
si étrange de voir un Français au milieu
de ces ruines, qu'ils s'en amusaient eux-
mêmes.

N'ayant plus rien à faire en Egypte,
il me parut curieux d'aller en Palestine,
et d'en tenter la conquête. Cette expédition avait quelque chose de fabuleux.
Je m'y laissai séduire. Je fus mal informé des obstacles qu'on m'opposerait,
et je ne pris pas assez de troupes avec
moi.

Parvenu au de-là du désert, j'appris
qu'on avait rassemblé des forces à St.
Jean d'Acre. Je ne pouvais pas les
mépriser; il fallut y marcher. La place
était défendue par un ingénieur Français;
je m'en apperçus à sa résistance : il fallut
lever le siége: la retraite fut pénible. Je
luttai pour la première fois contre les
élémens; mais nous n'en fumes pas
vaincus.

De retour en Egypte, je reçus des journaux par la voie de Tunis. Ils m'ap-
prirent l'état déplorable de la France:

l'avilissement du Directoire, et le succès
de la coalition. Je crus pouvoir servir
mon pays un seconde fois. Aucun motif
ne me retenait en Egype : c'était une entreprise épuisée. Tout général était bon
pour signer une capitulation que le tems
rendrait inévitable, et je partis sans autre
dessein que celui de reparaître à la tête
des armeés pour y ramener la victoire.

Débarqué à Fréjus, ma présence excita
l'enthousiasme du peuple. Ma gloire militaire rasssurait tous ceux qui avaient
peur d'être battus. C'était une affluence
sur mon passage : mon voyage eut l'air
d'un triomphe, et je compris en arrivant
à Paris que je pouvais tout en France.

La faiblesse du Gouvernement l'avait
mise à deux doigts de sa perte : j'y trouvai l'anarchie. Tout le monde voulait
sauver la patrie, et proposait des plans
en conséquence. On venait m'en faire
confidence ; j'étais le pivot des conspira-
tions ; mais il n'y avait pas un homme à
la tête de tous ces projets qui fût capable
de les mener. Ils comptaient tous sur

moi, parcequ'il leur fallait une épée. Je ne
comptais sur personne, et je fus maître de
choisir le plan qui me convenait le mieux.

La fortune me portait à la tête de l'état.
J'allais me trouver maître de la Révolution, car je ne voulais pas en être le chef :
le rôle ne me convenait pas. J'étais donc
appelé à préparer le sort à venir de la
France, et peut-être celui du monde.

Mais il fallait auparavant faire la
guerre ; faire la paix ; assoupir les factions ;
fonder mon autorité. Il fallait remuer
cette grosse machine qu'on appelle le
gouvernement. Je connoissais le poids
de ces résistances, et j'aurais préféré alors
le simple métier de la guerre. Car
j'aimais l'autorité du quartier général, et
l'émotion du champ de bataille. Je me
sentais enfin, dans ce moment, plus de dispositions pour relever l'ascendant militaire de la France, que pour la gouverner.

Mais je n'avais pas de choix dans ma
destination. Car il m'était facile de voir
que le règne du Directoire touchait à sa
fin ; qu'il fallait mettre à sa place une
autorité imposante pour sauver l'état,

Qu'il n'y a de vraiment imposant que la gloire militaire. Le Directoire ne pouvoit donc être remplacé que par moi ou par l'anarchie. Ce choix de la France n'était pas douteux,—l'opinion publique éclairait à cet égard la mienne.

Je proposai de remplacer le Directoire par un Consulat ; tellement j'étais éloigné alors de concevoir l'idée d'un pouvoir souverain. Les Républicains proposèrent d'élire deux Consuls : j'en demandai trois, parceque je ne voulois pas être appareillé. Le premier rang m'appartenait de droit dans cette trinité : c'était tout ce que je voulais.

Les Républicains se défièrent de ma proposition. Ils entrevirent un élement de dictature dans ce triumvirat. Ils se liguèrent contre moi. La présence même de Sieyes ne pouvait les rassurer. Il s'était chargé de faire une constitution ; mais les Jacobins redoutaient plus mon épée qu'ils ne se fiaient à la plume de leur vieux abbé.

Tous les partis se rangèrent alors sous deux bannières : d'un côté se trouvaient

les Républicains, qui s'opposaient à mon
élévation : de l'autre était toute la France
qui la demandait. Elle était donc inévitable à cette époque, parceque la majorité finit toujours par l'emporter. Les
premiers avaient établi leur quartier-général dans le Conseil des 500 : ils firent
une belle défense ; il fallut gagner la bataille de St. Cloud pour achever cette révolution. J'avais cru un moment qu'elle
se ferait par acclamation.

Le vœu public venait de me donner
la première place de l'état : la résistance
qu'on avait opposé ne m'inquietait pas,
parcequ'elle ne venait que de gens flé-
tris par l'opinion. Les royalistes n'a-
vaient pas paru : ils avaient été pris sur le
tems. La masse de la nation avait confiance en moi, car elle savait bien que la
Révolution ne pouvait pas avoir de meilleure garantie que la mienne. Je n'avais
de force qu'en me plaçant à la tête des
intérêts qu'elle avait créés, puisqu'en la
faisant rétrograder, je me serais retrouvé
sur le terrein des Bourbons.

Il fallait que tout fût neuf dans la nature de mon pouvoir, afin que toutes les ambitions y trouvassent de quoi vivre. Mais il n'y avait rien de défini dans sa nature, et c'était son défaut.

Je n'étais, par la Constitution, que le premier magistrat de la République; mais j'avais une épée pour bâton de commandement. Il y avait incompatibilité entre mes droits constitutionels et l'ascendant que je tenais de mon caractère et de mes actions. Le public le sentait comme moi; la chose ne pouvait par durer ainsi, et chacun prenait ses mesures en conséquence.

Je trouvais des courtisans plus que je n'en avais besoin. On faisait queue. Aussi n'étais-je nullement en peine du chemin que fesait mon autorité; mais je l'étais beaucoup de la situation matérielle de la France.

Nous nous étions laissé battre : les Autrichiens avaient reconquis l'Italie, et détruit mon ouvrage. Nous n'avions plus d'armée pour reprendre l'offensive. Il n'y avait pas un sol dans les caisses, et aucun moyen de les remplir. La con-

scription ne s'exécutait que sous le bon
plaisir des maires. Sieyes nous avait fait
une constitution paresseuse et bavarde
qui entravait tout. Tout ce qui constitue
la force d'un état était anéanti : il ne sub-
sistait que ce qui fait sa faiblesse.

Forcé par ma position, je crus devoir
demander la paix : je le pouvais alors de
bonne foi, parcequ'elle était une fortune
pour moi. Plus tard elle n'eut été qu'une
ignominie.

M. Pitt la refusa, et jamais homme
d'état n'a fait une plus lourde faute ; car
ce moment a été le seul où les Alliés
auraient pu la conclure avec sécurité :
car la France, en demandant la paix, se
reconnaissait vaincue ; et les peuples se
relèvent de tous les revers, si ce n'est de
consentir à leur opprobre.

M. Pitt la refusa. Il m'a sauvé une
grande faute, et il a étendu l'empire de
la Révolution sur toute l'Europe—empire
que ma chute n'est pas même parvenu à
détruire. Il l'aurait borné à la France,
s'il avait voulu alors la laisser à elle-
même.

Il me fallut donc faire la guerre. Masséna se défendait dans Gênes ; mais les armées de la République n'osaient plus repasser ni le Rhin ni les Alpes. Il fallait donc rentrer en Italie et en Allemagne, pour dicter une seconde fois la paix à l'Autriche. Tel était mon plan ; mais je n'avais ni soldats, ni canons, ni fusils.

J'appellai les conscrits ; je fis forger des armes ; je réveillai le sentiment de l'honneur national, qui n'est jamais qu'assoupi chez les Français. Je ramassai une armée. La moitié ne portait que des habits de paysans. L'Europe riait de mes soldats : elle a payé chèrement ce moment de plaisir.

On ne pouvait cependant entreprendre ouvertement une campagne avec une telle armée. Il fallait au moins étonner l'ennemi, et profiter de sa surprise. Le Général Suchet l'attirait vers les gorges de Nice. Masséna prolongeait jour à jour la défense de Gênes. Je pars : je m'avance vers les Alpes : ma présence, la grandeur de l'entreprise, ranimèrent les soldats. Ils n'avaient pas de souliers, mais ils semblaient tous marcher à l'avant-garde.

Dans aucun tems de ma vie je n'ai éprouvé de sentiment pareil à celui que je sentis en pénétrant dans les gorges des Alpes. Les échos rétentissaient des cris de l'armée. Ils m'anonçaient une victoire incertaine, mais probable. J'allais revoir l'Italie, théâtre de mes premières armes. Mes canons gravissaient lentement ces rochers. Mes premiers grenadiers atteignirent enfin la cîme du St. Bernard. Ils jettèrent en l'air leurs chapeaux garnis de plumets rouges, en jettant des cris de joie. Les Alpes étaient franchies, et nous débordames comme un torrent.

Le Général L'Asne commandait l'avant-garde. Il courut prendre Ivrée, Verceil, Pavie, et s'assura du passage du Pô. Toute l'armée le passa sans obstacles.

Nous étions tous jeunes dans ce tems, soldats et généraux. Nous avions notre fortune à faire. Nous comptions les fatigues pour rien; les dangers pour moins encore. Nous étions insoucians sur tout ; si ce n'est sur la gloire, qui ne s'obtient que sur les champs de bataille.

Au bruit de mon arrivée, les Autrichiens manœuvrèrent sur Alexandrie. Accumulés dans cette place, au moment où je parus devant les murs, leurs colonnes vinrent se déployer en avant de la Bormida. Je les fis attaquer. Leur artillerie était supérieure à la mienne. Elle ébranla nos jeunes bataillons. Ils perdirent du terrein. La ligne n'était conservée que par deux bataillons de la garde, et par la 45me. Mais j'attendais des corps qui marchaient en échellons. La division de Dessaix arrive ; toute la ligne se rallie. Dessaix forme sa colonne d'attaque, et enlève le village de Marengo, où s'appuyait le centre de l'ennemi. Ce grand géneral fut tué au moment où il décidait une immortelle victoire.

L'ennemi se jetta sous les remparts d'Alexandrie. Les ponts étaient trop étroits pour le recevoir ; une bagarre affreuse s'y passa ; nous prenions des masses d'artillerie et des bataillons entiers. Refoulés au-delà de Tanaro, sans communi-

cations, sans retraite, menacés sur leurs
derrières par Masséna et par Suchet,
n'ayant en front qu'une armée victorieuse,
les Autrichiens reçurent la loi. Mélas
implora une capitulation. Elle fut inouie
dans les fastes de la guerre. L'Italie
entière me fut restituée, et l'armée vaincue
vint déposer ses armes aux pieds de nos
conscrits.

Ce jour a été le plus beau de ma vie ;
car il a été un des plus beaux pour la
France. Tout était changé pour elle ;
elle allait jouir d'une paix qu'elle avait
conquise. Elle s'endormait comme un
lion. Elle allait être heureuse ; parcequ'elle était grande.

Les factions semblaient se taire ; tant
d'éclat les étouffait. La Vendée se paci-
fiait ; les Jacobins étaient forcés de me re-
mercier de ma victoire ; car elle était
à leur profit. Je n'avais plus de rivaux.

Le danger commun, et l'enthousiasme
public avaient allié momentanément les
partis. La sécurité les divisa. Partout
où il n'y a pas un centre de pouvoir in-
contestable, il se trouve des hommes qui

D

espèrent l'attirer à eux. C'est ce qui arriva au mien. Mon autorité n'était qu'une magistrature temporaire : elle n'était donc pas inébranlable. Les gens qui avaient de la vanité et se croyaient du talent, commencèrent une campagne contre moi. Ils choisirent le tribunat pour leur place d'armes. Là ils se mirent à m'attaquer sous le nom de pouvoir éxécutif.

Si j'avais cédé à leurs déclamations, c'en était fait de l'état. Il avait trop d'ennemis pour diviser ses forces, et perdre son tems en paroles. On venait d'en faire une rude épreuve, mais elle n'avait pas suffi pour faire taire cette espèce d'hommes qui prefèrent les intérêts de leur vanité à ceux de leur patrie. Ils s'amusèrent, pour faire leur popularité, à refuser les impôts, à décrier le gouvernement, à entraver sa marche, ainsi que le recrutement des troupes.

Avec ces manières là, nous aurions été en quinze jours la proie de l'ennemi. Nous n'étions pas encore de force à le hazarder. Mon pouvoir était trop neuf pour être invulnérable; le Consulat allait finir comme le Directoire, si je n'avais pas détruit cette opposition par un coup d'état. Je renvoyai les tribuns factieux. On appela cela éliminer; le mot fit fortune.

Ce petit événement, qu'on a surement oublié aujourd'hui, changea la constitution de la France, parcequ'il me fit rompre avec la République: car il n'y en avait plus, du moment que la représentation nationale n'était plus sacrée.

Ce changement était forcé, dans la situation où se trouvait la France vis-à-vis de l'Europe et d'elle même. La Révolution avait des ennemis trop acharnés au dedans et au dehors, pour qu'elle ne fût pas forcée d'adopter une forme dictatoriale, comme toutes les républiques dans les momens de danger. Les autorités à contre-poids ne sont bonnes qu'en tems de paix. Il fallait renforcer au contraire celle qu'on m'avait confiée, chaque fois qu'elle avait couru un danger, afin de prévenir les rechutes.

J'aurais peut-être mieux fait d'obtenir

franchement cette dictature, puisqu'on
m'accusait d'y aspirer. Chacun aurait
jugé de ce qu'on appelait mon ambition:
cela aurait, je crois, mieux valu ; car les
monstres sont plus gros de loin que de
près. La dictature aurait eu l'avantage
de ne rien présager pour l'avenir; de
laisser les opinions dans leur entier, et
d'intimider l'ennemi, en lui montrant la
résolution de la France.

Mais je m'appercevais que cette autorité venait d'elle-même se placer dans
mes mains. Je n'avais donc pas besoin
de la recevoir officiellement. Elle s'exer-
çait de fait, si-non de droit. Elle suffisait pour passer la crise et sauver la
France et la Révolution.

Ma tâche était donc de terminer cette
révolution, en lui donnant un caractère
légal, afin qu'elle pût être reconnue et
légitimée par le droit public de l'Europe.
Toutes les révolutions ont passé par les
mêmes combats. La nôtre ne pouvait pas
en être exempte ; mais elle devait, à son
tour, prendre son droit de bourgeoisie.

Je savais qu'avant de le proposer, il

fallait en arrêter les principes, en consolider la législation, et en détruire les
excès. Je me crus assez fort pour y
réussir, et je ne me trompai pas.

Le principe de la Révolution était l'ex-
tinction des castes ; c'est-à-dire l'égalité :
je l'ai respecté. La législation devait en
régler les principes. J'ai fait des lois
dans cet esprit. Les excès se montraient
dans l'existence des factions. Je n'en ai
tenu compte, et elles ont disparu. Ils se
montraient dans la destruction du culte ; je
l'ai rétabli. Dans l'existence des émigrés ;
je les ai rappelés. Dans le désordre général de l'administration ; je l'ai réglée.
Dans la ruine des finances ; je les ai res-
taurées. Dans l'absence d'une autorité
capable de contenir la France ; je lui
ai donné cette autorité, en prenant les
rênes de l'état.

Peu d'hommes ont fait autant de
choses que j'en ai fait alors, en aussi
peu de tems. L'histoire dira un jour ce
qu'était la France à mon avénement, et
ce qu'elle était quand elle a donné la
loi à l'Europe.

Je n'ai pas eu besoin d'employer un pouvoir arbitraire, pour accomplir ces immenses travaux. On ne m'en aurait peut-être pas refusé l'exercice; mais je n'en aurais pas voulu, parceque j'ai toujours détesté l'arbitraire en tout. J'aimais l'ordre et les lois. J'en ai fait beaucoup : je les ai faites sévères et précises; mais justes, parceq'une loi qui ne connait point d'exception est toujours juste. Je les ai fait observer rigoureusement, parceque c'est le devoir du trône ; mais je les ai respectées. Elles me survivront : c'est la récompense de mes travaux.

Tout semblait marcher à souhait. L'état se récréait; l'ordre s'y rétablissait. Je m'en occupais avec ardeur : mais je sentais qu'il manquait une chose à tout ce système—c'était du définitif.

Quelque fut mon désir de faire à la Révolution un établissement stable, je voyais clairement que je ne pourrais y parvenir qu'après avoir vaincu de grandes résistances : car il y avait antipathie nécessaire entre les anciens et les nouveaux régimes. Ils formaient deux masses dont les intérêts étaient précisément en sens inverse. Tous les gouvernemens qui subsistaient encore en vertu de l'ancien droit public, se voyaient exposés par les principes de la Révolution ; et celle-ci n'avait de garantie qu'en traitant avec l'ennemi, ou qu'en l'écrasant, s'il refusait de la reconnaître.

Cette lutte devait décider en dernier resort du renouvellement de l'ordre social de l'Europe. J'étais à la tête de la grande faction qui voulait anéantir le système sur lequel roulait le monde depuis la chûte des Romains. Comme tel j'étais en butte à la haine de tout ce qui avait intérêt à conserver cette rouille gothique. Un caractère moins entier que le mien aurait pu louvoyer, pour laisser une partie de cette question à décider au tems.

Mais dès que j'eus vu le fond du cœur de ces deux factions ; dès que j'eus vu qu'elle partagaient le monde, comme au tems de la Réformation, je compris que tout pacte était impossible entr'elles :

parceque leurs intérêts se froissaient trop.
Je compris que plus on abrégerait la crise,
mieux les peuples s'en trouveraient. Il
fallait avoir pour nous la moitié plus un
de l'Europe, afin que la balance penchât
de notre côté. Je ne pouvais disposer de
ce poids qu'en vertu de la loi du plus
fort, parceque c'est la seule qui ait cours
entre les peuples. Il fallait donc que je
fusse le plus fort de toute nécessité; car
je n'étais pas seulement chargé de gouverner la France, mais de lui soumettre
le monde; sans quoi le monde l'aurait
anéantie.

Je n'ai jamais eu de choix dans les partis que j'ai pris : ils ont toujours été com-
mandés par les événemens; parceque le
danger était toujours éminent, et le 31
Mars a prouvé à quel point il était à redouter, et s'il était facile de faire vivre
en paix les vieux et les nouveaux régimes.

Il m'était donc aisé de prévoir que tant
qu'il y aurait parité de forces entre ces
deux systèmes, il y aurait entr'eux guerre
ouverte ou secrète. Les paix qu'ils si-

gneraient ne pourraient être que des haltes
pour respirer. Il fallait donc que la
France, comme le chef lieu de la Révolution, se tint en mesure de résister à la
tempête. Il fallait donc qu'il y eût unité
dans le gouvernement, pour qu'il pût être
fort ; union dans la nation, pour que tous
ses moyens tendissent au même but ; et
confiance dans le peuple, pour qu'il con-
sentît aux sacrifices nécessaires pour assurer sa conquête.

Or tout était précaire dans le système
du Consulat ; parceque rien n'y était à
sa véritable place. Il y existait une république de nom ; une souveraineté de
fait, une représentation nationale faible ;
un pouvoir éxécutif fort ; des autorités
soumises, et une armée prépondérante.

Rien ne marche dans un système politique où les mots jurent avec les choses.
Le gouvernement se décrie par le men-
songe perpétuel dont il fait usage. Il
tombe dans le mépris qu'inspire tout ce
qui est faux ; parceque ce qui est faux
est faible. On ne peut plus d'ailleurs
ruser en politique : les peuples en savent
trop long : les gazettes en disent trop.

Il n'y a plus qu'un secret pour mener le monde; c'est d'être fort; parcequ'il n'y a dans la force ni erreur, ni illusion. C'est le vrai mis à nud.

Je sentais la faiblesse da ma position— le ridicule de mon consulat. Il fallait établir quelque chose de solide, pour servir de point d'appui à la Révolution. Je fus nommé Consul à vie. C'était une suzeraineté viagère; insuffisante en elle-même, puisqu'elle plaçait une date dans l'avenir, et que rien ne gâte la confiance comme la prévoyance d'un changement. Mais elle était passable pour le moment où elle fut établie.

Dans l'intervalle que m'avait laissé la trève d'Amiens, j'avais hazardé une expédition imprudente, qu'on ma reprochée, et avec raison : elle ne valait rien en soi.

J'avais essayé de reprendre St. Domingue. J'avais de bons motifs pour le tenter. Les alliés haïssaient trop la France pour qu'elle ôsât rester dans l'inaction pendant la paix. Il fallait qu'elle fût toujours redoutable. Il fallait donner une pâture à la curiosité des oisifs. Il fallait tenir constamment l'armée en mouvement pour l'empêcher de s'endormir. Enfin j'étais bien aise d'essayer les marins.

Du reste, l'expédition à été mal conduite. Partout où je n'ai pas été, les choses ont toujours été mal. Cela revenait d'ailleurs assez au même : car il était facile de voir que le ministère Anglais allait rompre la trève ; et si nous avions reconquis St. Domingue, ce n'aurait été que pour eux.

Chaque jour augmentait ma sécurité ; lorsque l'événement du trois Nivose m'apprit que j'étais sur un volcan. Cette conspiration fut imprévue : c'est la seule que la police n'ait pas déjouée d'avance. Elle n'avait pas de confidens ; c'est pourquoi elle a réussi.

J'échappai par un miracle. L'intérêt qu'on me témoigna me dédommagea amplement. On avait mal choisi le moment pour conspirer. Rien n'était prêt en France pour les Bourbons.

On chercha les coupables. Je le dis avec verité ; je n'en accusai que les Brutus du Coin. En fait de crimes, on était toujours disposé à leur en faire honneur. Je fus très-étonné lorsque la suite des enquêtes vint à prouver que c'était aux royalistes que les gens de la rue St. Nicaise avaient l'obligation d'être sautés en l'air.

Je croyais les royalistes honnêtes gens, parcequ'ils nous accusaient de ne pas l'être. Je les croyais, surtout, très-incapables de l'audace et de la scélératesse que suppose un tel projet : au reste, il n'appartenait qu'à un petit nombre de voleurs de diligences : espèce qui était pronée, mais peu considérée dans le parti.

Les royalistes, tout-à-fait oubliés depuis la pacification de la Vendée, reparaissaient ainsi sur l'horizon politique. C'était une conséquence naturelle de l'accroissement de mon autorité. Je refaisais la royauté. C'était chasser sur leurs terres.

Ils ne se doutaient pas que ma monarchie n'avait point de rapport à la leur. La mienne était toute dans les faits ; la leur, toute dans les droits. La leur n'était fondée que sur des habitudes ; la mienne s'en passait ; elle marchait en ligne avec le génie du siécle. La leur tirait à la corde pour le retenir.

Les Républicans s'effrayaient de la hauteur où me portaient les circonstances: ils se défiaient de l'usage que j'allais faire de ce pouvoir. Ils redoutaient que je ne remontasse une vieille royauté à l'aide de mon armée. Les royalistes fomentaient ce bruit, et se plaisaient à me présenter comme un singe des anciens monarques : d'autres royalistes, plus adroits, répandaient sourdement que je m'étais enthousiasmé du rôle de Monck, et que je ne prenais la peine de restaurer le pouvoir que pour en faire hommage aux Bourbons, lorsqu'il serait en état de leur être offert.

Les têtes médiocres, qui ne mesuraient pas ma force, ajoutaient foi à ces bruits. Ils accréditaient le parti royaliste, et me décriaient dans le peuple et dans l'armée; car ils commençaient à douter de mon attachement à leur cause. Je ne pouvais pas laisser courir une telle opinion, parcequ'elle tendait à nous désunir.

Il fallait à tout prix détromper la
France, les royalistes et l'Europe, afin
qu'ils sussent tous à quoi s'en tenir avec
moi. Une persécution de détail contre
des propos, ne produit jamais qu'un mauvais effet ; parcequ'elle n'attaque pas le
mal à sa racine. D'ailleurs ce moyen est
devenu impossible, dans ce siécle de sol-
licitation, où l'éxil d'une femme remua
toute la France.

Il s'offrit, malheureusement à moi, dans
ce moment décisif, un de ces coups du
hazard qui détruisent les meilleures ré-
solutions. La police découvrit de petites
menées royalistes, dont le foyer était au-
delà du Rhin. Une tête auguste s'y trouvait impliquée. Toutes les circonstances
de cet événement cadraient d'une manière
incroyable avec celles qui me portaient à
tenter un coup d'état. La perte du Duc
d'Enghein décidait la question qui agitait la France. Elle décidait de moi sans
retour. Je l'ordonnai.

Un homme de beaucoup d'esprit, et
qui doit s'y connaître, a dit de cet atten-
tat que c'était plus qu'un crime, que

c'était une faute. N'en déplaise à ce per-
sonage, c'était un crime, et ce n'était pas
une faute. Je sais fort bien la valeur des
mots. Le délit de ce malheureux prince
se bornait à de misérables intrigues avec
quelques vieilles baronnes de Strasbourg.
Il jouait son jeu. Ces intrigues étaient
surveillées : elles ne menaçaient ni la
sureté de la France ni la mienne. Il a
péri victime de la politique, et d'un con-
cours inouï de circonstances.

Sa mort n'était pas une faute, car toutes
les conséquences que j'avais prévues sont
arrivées.

La guerre avait recommencé avec l'Angleterre, parcequ'il ne lui est plus possible de rester longtems en paix. Le territoire de l'Angleterre est devenu trop
petit pour sa population ; il lui faut pour
vivre le monopole des quatre parties du
monde. La guerre procure seule ce monopole aux Anglais, parcequ'elle lui vaut
le droit de détruire sur mer. C'est sa
sauve-garde.

Cette guerre était paresseuse, faute de
terrein pour se battre : l'Angleterre était

obligée d'en louer sur le Continent, mais
il fallait donner le tems à la moisson de
croître. l'Autriche avait reçu de si rudes
leçons, que les ministres n'ôsaient proposer la guerre de sitôt, quelqu'envie
qu'ils eussent de gagner leur argent. La
Prusse s'engraissait de sa neutralité; la
Russie avait fait en Suisse une fatale expérience de la guerre. L'Italie et l'Espagne étaient entrées, à peu de choses
près, dans mon système. Le Continent
faisait halte.

Faute de mieux, je mis en avant un
projet de descente en Angleterre. Je n'ai
jamais pensé à le réaliser: car il aurait
échoué: non que le matériel du débarquement ne fût possible; mais la retraite ne l'était pas. Il n'y a pas un
Anglais qui ne se fût armé pour sauver
l'honneur de son pays, et l'armée Fran-
çaise, laissée sans secours à leur merci,
aurait fini par périr ou par capituler.
J'avais pu faire cet essai en Egypte, mais
à Londres, c'était jouer trop gros jeu.

Comme la menace ne me coutait rien,
puisque je ne savais que faire de mes

troupes; il valait autant les tenir en garnison sur les côtes, qu'ailleurs. Ce seul
appareil a obligé l'Angleterre à se mettre
sur un pied de défense ruineux. C'était
autant de gagné.

En revanche on organisa une conspiration contre moi. Je peux faire honneur
de celle-ci aux princes émigrés; car elle
était vraiment royale. On avait mis en
mouvement une armée de conspirateurs.
Aussi nous en fûmes informés dans les
vingt-quatre heures : tant les confidences
allaient bon train.

Comme je voulais cependant faire punir
des hommes qui ne cherchaient qu'à ren-
verser l'état (ce qui est contre les lois
divines et humaines), je fus obligé d'attendre, pour les faire arrêter, qu'on eût
rassemblé contre eux des preuves irré-
cusables.

Pichegru était à la tête de cette ma-
chination : cet homme, qui avait plus de
bravoure que de talent, avait voulu jouer
le rôle de Monck; il allait à sa taille.

Ces projets m'inquiétaient peu; parceque je connaissais leurs portées, et que

E

l'opinion publique ne les favorisait pas. Les royalistes m'auraient assassiné, qu'ils n'en auraient pas été plus avancés. Chaque chose a son tems.

J'appris bientôt que Moreau trempait dans cette affaire. Ceci devenait plus délicat, parcequ'il avait une popularité colossale. Il était clair qu'on devait le gagner. Il avait trop de réputation, pour que nous fûssions bons voisins. Je ne pouvais pas être tout et lui rien. Il fallait trouver une manière honnête de nous séparer. Il la trouva.

On a beaucoup dit que j'étais jaloux de lui : je l'étais fort peu ; mais il l'était beaucoup de moi, et il y avait de quoi. Je l'estimais parceque c'était un bon militaire. Il avait pour amis tous ceux qui ne m'aimaient pas — c'est-à-dire beaucoup de gens. Ils en auraient fait un héros, s'il avait péri. Je n'en voulais faire que ce qu'il était : c'est-à-dire un homme nul. J'ai réussi ; l'absence l'a perdu, ses amis l'ont oublié, et on n'y a plus songé.

Les autres coupables exigeaient moins de ménagemens. C'étaient tous les vieux

habitués de conspiration dont il fallait
purger pour tout-à-fait la France. Nous
y avons réussi, car il n'en a plus reparu
dès-lors.

Je fus accablé de sollicitations. Toutes
les femmes et les enfans de Paris étaient
en l'air. On demandait la grâce de tout
le monde. J'eus la faiblesse d'envoyer
quelques coupables dans des prisons
d'état, au lieu d'en laisser faire justice.

Je me reproche même aujourd'hui cette
espèce d'indulgence, parcequ'elle n'est,
dans un souverain, qu'une faiblesse coupable. Il n'a qu'un seul devoir à remplir
vis-à-vis de l'état, celui d'y faire observer
les lois. Toute transaction avec le crime
devient un crime de la part du trône.
Le droit de grâce ne doit jamais s'exer-
cer envers les coupables. Il faut le ré-
server pour le cas malheureux que la
conscience absout, quand la loi les con-
damne.

Pichegru fut trouvé étranglé dans son
lit. On ne manqua pas de dire que
c'était par mes ordres. Je fus totalement
étranger à cet événement. Je ne sais pas

même pourquoi j'aurais soustrait ce cri-
minel à son jugement. Il ne valait pas
mieux que les autres, et j'avais un tribu-
nal pour le juger, et des soldats pour le
fusiller. Je n'ai jamais rien fait d'inutile
dans ma vie.

Mon autorité s'accrut, parcequ'on l'a-
vait menacée. Il n'y avait rien de prêt en
France pour une contre-révolution. Elle
ne voyait dans les menées des royalistes
qu'un moyen de lui apporter l'anarchie
et la guerre civile. Elle voulait s'en pré-
server à tout prix, et se rapprochait de
moi, parceque je promettais de l'en garantir. Elle voulait dormir à l'abri de
mon épée. Le vœu public, (l'histoire
ne me démentira pas), le vœu public
m'appelait à régner sur la France.

La forme républicaine ne pouvait plus
durer, parcequ'on ne fait pas de républiques avec de vieilles monarchies. Ce
que voulait la France, c'était sa grandeur. Pour en soutenir l'édifice, il
fallait anéantir les factions, consolider
l'œuvre de la Révolution, et fixer sans
retour les limites de l'état. Seul, je pro-

mettais à la France de remplir ces conditions. La France voulait que je règnasse
sur elle.

Je ne pouvais pas devenir roi. C'é-
tait un titre usé. Il portait avec lui des
idées reçues. Mon titre devait être nouveau, comme la nature de mon pouvoir.
Je n'étais pas l'héritier des Bourbons.
Il fallait être beaucoup plus pour s'asseoir sur leur trône. Je pris le nom
d'Empereur, parcequ'il était plus grand
et moins défini.

Jamais révolution ne fut aussi douce
que celle qui renversa cette République
pour laquelle on avait répandu tant de
sang. C'est qu'on maintenait la chose;
le mot seul était changé. C'est pourquoi
les républicains n'ont pas redouté l'empire.

D'ailleurs les révolutions qui ne dé-
placent pas les intérêts sont toujours
douces.

La Révolution était enfin terminée.
Elle devenait inébranlable, sous une dinastie permanente. La République n'a-
vait satisfait que des opinions; l'empire

garantissait les intérêts avec les opinions.

Ces intérêts étaient ceux de l'immense majorité, parcequ'avant tout, les institutions de l'empire garantissaient l'égalité. La démocratie y existait de fait et de droit. La liberté seule y avait été restreinte, parcequ'elle ne vaut rien pour les tems de crise. Mais la liberté n'est à l'usage que de la classe éclairée de la nation : l'égalité sert à tout le monde. C'est pourquoi mon pouvoir est resté populaire, même dans les revers qui ont écrasé la France.

Mon autorité ne reposait pas, comme dans les vieilles monarchies, sur un échafaudage de castes et de corps intermédiaires. Elle était immédiate, et n'avait d'appui que dans elle-même ; car il n'y avait dans l'empire que la nation et moi. Mais dans cette nation tous étaient également appelés aux fonctions publiques. Le point de départ n'était un obstacle pour personne. Le mouvement ascendant était universel dans l'état. Ce mouvement a fait ma force.

Je n'ai pas inventé ce système : il est

sorti des ruines de la Bastille. Il n'est que
le résultat de la civilisation et des mœurs
que le tems a donné à l'Europe. On es-
sayera en vain de le détruire ; il se main-
tiendra par la force des choses, parceque
le fait finit toujours par se placer là où
est la force. Or la force n'était plus dans
la noblesse, depuis qu'elle avait permis
au tiers-état de porter les armes, et
qu'elle n'avait plus voulu être la seule
milice de l'état.

La force n'était plus dans le clergé,
depuis que le monde était devenu Pro-
testant, en devenant raisonneur. La force
n'était plus dans les gouvernemens, précisément parceque la noblesse et le clergé
n'étaient plus en état de remplir leurs
fonctions ; c'est-à-dire d'appuyer le trône.
La force n'était plus dans les routines et
les préjugés, depuis qu'on avait démontré
aux peuples qu'il n'y avait ni routines
ni préjugés.

Il y avait dissolution dans le corps
social long-tems avant la Révolution ;
parcequ'il n'y avait plus de rapports entre
les mots et les choses.

La chûte des préjugés avait mis à nud la source des pouvoirs. On avait découvert leur faiblesse. Ils sont tombés en effet à la première attaque.

Il fallait donc refaire l'autorité sur un autre plan. Il fallait qu'elle se passât du cortège des habitudes et des préjugés : il fallait qu'elle se passât de cet aveuglement qu'on appelle la foi. Elle n'avait hérité d'aucuns droits; il fallait donc qu'elle fût en entier dans le fait; c'est-à-dire dans la force.

Je ne montais pas ainsi sur le trône comme un héritier des anciennes dinasties, pour m'y asseoir mollement sous les prestiges des habitudes et des illusions; mais pour affermir les institutions que le peuple voulait; pour mettre les lois en accord avec les mœurs, et pour rendre la France redoutable, afin de maintenir son indépendance.

On ne tarda pas à m'en fournir l'occasion. L'Angleterre était fatiguée par le séjour de mes troupes sur les côtes. Elle voulait s'en débarrasser à tout prix, et cherchait, la bourse à la main, des alliés sur le continent. Elle devait en trouver.

Les anciennes dinasties étaient effrayées de me voir sur le trône. Quelques politesses que nous nous fissions, elles voyaient bien que je n'étais pas un des leurs: car je ne régnais qu'en vertu d'un système qui détruisait l'autel que le tems leur avait élevé. J'étais à moi seul une révolution. L'empire les menaçait comme la république. Elles le redoutaient d'avantage, parcequ'il était plus robuste.

Il était donc de leur politique de m'attaquer le plutôt possible; c'est-à-dire avant que j'eusse pris toutes mes forces.

Les chances de la lutte qui allait s'ouvrir, étaient d'un grand intérêt pour moi. Elles allaient m'apprendre la mesure de la haine qu'on me portait. Elles allaient m'apprendre à distinguer ceux des souverains que la crainte déciderait à s'associer au système de l'empire, d'avec ceux qui périraient plutôt que de transiger avec lui.

Cette lutte devait amener de nouvelles combinaisons politiques en Europe. Je devais succomber, ou en devenir l'arbitre.

Je venais de réunir le Piémont à la France; parcequ'il fallait que la Lombardie s'appuyât à l'empire. On cria à l'ambition : on prépara la lice pour le combat. Cette réunion lui servit de signal.

La bataille devait être rude. Les Autrichiens rassemblaient toutes leurs forces, et les Russes s'étaient décidés à y réunir les leurs.

Le jeune Alexandre venait de monter sur le trône : comme les enfans aiment à faire le contraire de leurs parens, il me déclara la guerre, parceque son père avait fait la paix. Car nous n'avions rien encore à démêler avec les Russes : leur tour n'était pas venu, mais les femmes et les courtisans l'avaient décidé ainsi. Ils ne croyaient faire qu'une chose de bon goût, parceque je n'étais pas à la mode dans le beau monde; et ils commençaient, sans le savoir, le système auquel la Russie devra sa grandeur.

La coalition n'a jamais ouvert la cam-

pagne plus mal-adroitement. Les Autrichiens s'imaginèrent de me surprendre.
Cette prétention ne leur réussit pas.

Ils inondèrent la Bavière sans attendre
l'arrivée des Russes. Ils s'en vinrent, à
marche forcée, sur le Rhin. Mes colonnes
avaient quitté le camp de Boulogne, et
traversaient la France. Nous passames
le Rhin à Strasbourg. Mon avant-garde
rencontra les Autrichiens à Ulm et les
culbuta. Je marchai sur Vienne à tour
de route. J'y entrai sans obstacle. Un général Autrichien oublia de couper les
ponts du Danube. Je passai la rivière.
Je l'aurais passée également, mais j'en arrivai plus vîte en Moravie.

Les Russes débouchaient seulement:
les débris Autrichiens coururent se ré-
fugier sous leurs drapeaux. L'ennemi
voulut tenir à Austerlitz; il fut battu.
Les Russes se retirèrent en bon ordre, et
me laissèrent l'empire d'Autriche.

L'Empereur François me demanda une
entrevue : je la donnai dans un fossé.
Il me demanda la paix ; je l'accordai ;
car qu'aurais-je fait de son pays : il n'était

pas moulé pour la Révolution. Mais pour diminuer ses forces, je demandai Vénise pour la Lombardie, et le Tyrol pour la Bavière; afin de renforcer au moins mes amis aux dépens de mes ennemis. C'était bien le moins.

Ce n'était pas le moment de disputer; la paix fut signée. Je la fis proposer en même tems aux Russes. Alexandre la refusa.

Ce refus était noble; car en acceptant la paix, il acceptait l'humiliation des Autrichiens.

En refusant il montra de la fermeté dans les revers, et de la confiance dans la fortune. Ce refus m'apprit que le sort du monde dépendrait de nous deux.

La campagne recommença. Je suivis la retraite des Russes. J'arrivai en Pologne. Un nouveau théâtre s'ouvrait à nos armes. J'allai voir cette vieille terre de l'anarchie et de la liberté, courbée sous un joug étranger : les Polonais attendaient ma venue pour le secouer.

J'ai négligé le parti que je pouvais tirer des Polonais, et c'est la plus grande faute de mon règne. Je savais cependant qu'il était essentiel de relever ce pays, pour en faire une barrière à la Russie, et un contrepoids à l'Autriche; mais les circonstances ne furent pas assez heureuses à cette époque pour réaliser ce plan.

D'ailleurs les Polonais m'ont paru peu propres à remplir mes vues. C'est un peuple passionné et léger. Tout se fait chez eux par fantaisie et rien par système. Leur enthousiasme est violent; mais ils ne savent ni le régler ni le perpétuer. Cette nation porte sa ruine dans son caractère.

Peut-être qu'en donnant aux Polonais un plan, un système, et un point d'appui, ils auraient pu se former avec le tems.

Quoique mon caractère ne m'ait jamais porté à faire les choses à-demi, je n'ai cependant fait que cela en Pologne, et je m'en suis mal trouvé. Je m'avançai au cœur de l'hiver vers les pays du nord. Le climat n'inspirait aucune défiance aux soldats. Son moral était excellent. J'avais à combattre une armée maîtresse de son terrein et de son climat. Elle m'attendait sur les frontières de la Russie. J'allais l'y chercher; parcequ'il ne fallait pas laisser languir mes troupes dans de mauvais cantonnemens. Je rencontrai l'ennemi à Eylau: l'affaire fut meurtrière et indécise.

Si les Russes nous avaient attaqué le lendemain, nous aurions été battus; mais leurs genéraux n'ont heureusement pas de ces inspirations. Ils me donnaient le tems de les attaquer à Friedland. La victoire y fut moins douteuse:—Alexandre s'était vaillamment défendu: il me proposa la paix. Elle était honorable pour les deux nations, car elles s'étaient mesurées avec une égale bravoure. La paix fut signée à Tilsit: elle le fut de bonne foi: j'en atteste le Czar lui-même.

Telle fut l'issue des premiers efforts de la coalition contre l'empire que je venais de fonder. Elle éleva la gloire de nos armes, mais elle laissa la question indécise entre l'Europe et moi, car nos ennemis n'avaient été qu'humiliés: ils n'étaient ni détruits ni changés. Nous nous retrouvions au même point, et en signant la paix, je prévis une nouvelle guerre.

Elles étaient inévitables, tant que le sort de la guerre n'amènerait pas de nouvelles combinaisons, et tant que l'Angleterre aurait un intérêt personnel à les prolonger.

Il fallait donc profiter du repos passager que je venais de rendre au continent, pour élargir la base de l'empire; afin de la rendre plus solide pour les attaques à venir. Le trône était héréditaire dans ma famille: elle commençait ainsi une dinastie nouvelle, que le tems devait consacrer, comme il a légitimé toutes les autres. Car depuis Charlemagne aucune couronne n'avait été donnée avec autant de solemnité. Je l'avais reçue du vœu des peuples et de la sanction de l'église: ma famille, appelée à régner, ne devait pas rester mêlée dans les rangs de la société; c'eût été un contresens.

J'étais riche en conquêtes. Il fallait lier intimement ces états au système de l'empire, afin d'accroître sa prépondérance. Il n'y a pas d'autres liens entre les peuples que ceux des intérêts qu'ils mettent en commun. Il fallait donc établir une entière communauté d'intérêts entre nous et les pays conquis. Il ne s'agissait pour cela que de changer leur ancien ordre social, pour leur donner le nôtre, en mettant à la tête de ces nouvelles institutions des souverains intéressés à les maintenir.

Je remplissais ces conditions en plaçant ma famille sur les trônes qui ce trouvaient vacants.

La Lombardie était le plus essentiel de ces états, parcequ'elle devait être continuellement exposée aux regrets de la maison d'Autriche. Je ne voulus pas lui donner le plaisir de mettre un de mes frères sur ce trône. J'étais seul capable de porter la couronne de fer, et je la mis sur ma tête.

Je donnai par-là plus de confiance aux Lombards, parceque je faisais ma propre affaire de la leur.

Ce nouvel état prit le nom de royaume d'Italie, parceque ce titre était plus grand, et parlait davantage à l'imagination des Italiens.

Le trône de Naples était vacant. La reine Caroline, après avoir inondé de sang le pavé de Naples, et livré son royaume aux Anglais, en avait été chassée de nouveau. Il fallait un maître à ce malheureux pays, pour le sauver de l'anarchie et des vengeances. Un de mes frères monta sur ce trône.

La Hollande avait perdu depuis longtems l'énergie qui fait les républiques. Elle n'avait plus la force de jouer ce rôle. Elle en avait donné la preuve lors du débarquement de 99. Je ne devais pas soupçonner qu'elle regrettât la maison d'Orange, à la manière dont elle l'avait traitée. La Hollande semblait donc avoir besoin d'un souverain; je lui donnai un autre de mes frères.

Le cadet était assez jeune pour attendre : le quatrième n'aimait pas à régner ; il s'était sauvé pour s'y soustraire.

Il ne resta en république que celle des Suisses. Il ne valait pas la peine de

F

changer des formes auxquelles ils étaient accoutumés. Mon autorité dans ce pays s'est bornée à les empêcher de s'égorger entr'eux. Ils ne m'en ont pas témoigné une grande reconnaissance.

En formant ainsi des états alliés de la France, et dépendans de l'empire, je dus en même-tems réunir, à la mère-patrie, d'autres portions de territoires, afin de conserver sa prépondérance sur tout le système.

C'est dans ce but que j'avais réuni le Piémont à la France, et non pas à l'Italie. J'y réunis de même Gênes et Parme. Ces réunions ne valaient rien en elles-mêmes, car j'aurais fait de ces peuples de bons Italiens. Je n'en ai fait que de médiocres Français. Mais l'empire se composait non-seulement de la France, mais des états de la famille et des alliés étrangers. Il était essentiel de conserver la proportion entre ces trois élémens. Chaque alliance nouvelle emportait avec elle une nouvelle réunion. Le public à chaque fois criait à l'ambition. Mon ambition n'a jamais consisté à posséder quelques lieues carrées de plus ou de moins, mais à faire triompher ma cause.

Or cette cause ne consistait pas seulement dans les opinions, mais dans le poids que chaque parti pouvait mettre dans la balance, et les lieues carrées pèsent dans le bassin, parceque le monde ne se compose que de cela.

J'augmentais ainsi la masse des forces que je faisais mouvoir. Il ne fallait ni talent ni adresse pour opérer ces changemens. Il suffisait d'un acte de ma volonté: car ces pays étaient trop petits pour en avoir en ma présence. Ils dépendaient du mouvement imprimé à l'ensemble du système impérial. Le point de départ de ce système était en France.

Il fallait donc consolider mon ouvrage, en donnant à la France des institutions conformes au nouvel ordre social qu'elle avait adopté. Il fallait créer mon siècle pour moi, comme je l'avais été pour lui.

Il fallait être législateur, après avoir été guerrier.

Il n'était plus possible de faire reculer

la Révolution ; car ç'aurait été soumettre
de nouveau les forts aux faibles ; ce qui
est contre nature. Il fallait donc en saisir l'esprit, pour y accommoder un système analogue de législation. Je crois y
être parvenu. Ce système me survivra,
et j'ai laissé à l'Europe un héritage
qu'elle ne pourra plus répudier.

Il n'y avait en réalité dans l'état qu'une
vaste démocratie, menée par une dictature. Cette espèce de gouvernement est
commode pour l'exécution ; mais elle est
d'une nature temporaire, parcequ'elle
n'est qu'en viager sur la tête du dicta-
teur. Je devais la rendre perpétuelle, en
faisant des institutions à démeure, et des
corporations vivaces, afin de les placer
entre le trône et la démocratie. Je ne
pouvais rien opérer par le levier des habitudes et des illusions. J'étais obligé de
tout créer avec de la réalité.

Il fallait ainsi fonder ma législation
sur les intérêts immédiats de la majorité, et
créer mes corporations avec des intérêts :
parceque les intérêts sont ce qu'il y a de
plus réel dans ce monde.

J'ai fait des lois dont l'action était immense ; mais uniforme. Elles avaient pour principes le maintien de l'égalité. Elle est si fortement empreinte dans ces codes, qu'ils suffiront seuls pour la conserver.

J'instituai une caste intermédiaire. Elle était démocratique, parcequ'on y entrait à toute-heure et de partout : elle était monarchique, parcequ'elle ne pouvait pas mourir.

Cette corporation devait remplacer dans le nouveau régime le service que la noblesse était censée faire dans l'ancien ; c'est-à-dire d'appuyer le trône. Mais elle ne lui ressemblait en rien. La vieille noblesse n'existait que par ses prérogatives ; la mienne n'avait que du pouvoir. La vieille noblesse n'avait de mérite que parcequ'elle était exclusive. Tous ceux qui se distinguaient entraient de droit dans la nouvelle : elle n'était autre chose qu'une couronne civique. Le peuple n'y attachait pas d'autre idée. Chacun l'avait méritée par ses œuvres ;

tous pouvaient l'obtenir au même prix :
elle n'était offensante pour personne.

L'esprit de l'empire était le mouvement ascendant : c'est le caractère des
révolutions. Il agitait toute la nation.
Elle se soulevait pour s'élever. J'ai
placé au sommet de ce mouvement de
grandes récompenses. Elles ne furent
données que par la reconnaissance publique. Ces hautes dignités étaient encore
conformes à l'esprit de l'égalité, car le
dernier soldat les obtenait par des actions
d'éclat.

Après le désordre de la Révolution,
il importait de rétablir l'ordre, parcequ'il est le simptôme de la force et de la
durée.

Les administrateurs et les juges étaient
essentiels à l'état ; puisque d'eux seuls
dépendait l'ordre public : c'est-à-dire
l'éxécution des lois. Je les associai au
mouvement qui animait le peuple et
l'armée. Je les associai aux mêmes récompenses. Je fis un ordre qui hono-
rait les administrateurs ; parcequ'il avait

reçu des soldats un brévet d'honneur.
Je le rendis commun à tous ceux qui
servaient l'état, parceque la première
des vertus est le dévouement à sa patrie.

Je donnai ainsi pour ressort à l'empire
un lien général. Il unissait par leurs intérêts toutes les classes de la nation, parcequ'aucune n'était subordonnée ni ex-
clue. Il se formait autour de moi un
corps intermédiaire, fourni par l'élite de
la nation. Il était attaché au système
impérial par sa vocation, par ses intérêts,
et par ses opinions. Ce corps nombreux,
quoique revêtu du pouvoir civil et militaire, était avoué par le peuple; parcequ'il était tiré au sort dans les rangs. Il
avait confiance en lui, parceque leurs
intérêts étaient confondus. Ce corps
n'était ni décimateur ni exclusif. Ce
n'était en réalité qu'une magistrature.

L'empire s'asseyait sur une organisa-
tion forte. L'armée s'était formée à l'école
de la guerre : elle y avait appris à se
battre et à souffrir.

Les fonctionnaires civils s'accoutu-
maient à faire éxécuter strictement les lois,

parceque je ne voulais ni d'arbitraire
ni d'interprétation. Ils se formaient ainsi
à l'habitude et à la rapidité. J'avais répandu partout une impulsion uniforme,
parcequ'on ne donnait qu'un seul mot
d'ordre dans l'empire. Aussi tout se
mouvait dans cette machine ; mais le
mouvement ne s'opérait que dans les
cadres que j'avais préparés.

J'ai arrêté les dilapidations publiques
en centralisant sur un seul point toute
la machine fiscale. Je n'ai rien laissé de
vague dans cette partie ; parcequ'en fait
de monnoie, tout doit se retrouver. Je
n'ai surtout rien laissé de disponible à ces
demi-responsabilités provinciales, parceque l'expérience m'avait prouvé que cet
abandon ne sert qu'à enrichir quelques
petits malversateurs aux dépens du
trésor, du peuple, et de la chose.

J'ai rendu le crédit à l'état en ne faisant
pas usage de crédit.

J'ai substitué au système des emprunts
qui avait perdu la France, celui des impôts qui l'a corrobérée.

J'ai organisé la conscription—loi ri-

goureuse, mais grande, et seule digne d'un
peuple qui chérit sa gloire et sa liberté;
car il ne doit confier sa défense qu'à lui-
même.

J'ai ouvert de nouvelles communications au commerce. J'ai fait réunir
l'Italie à la France, en ouvrant les Alpes
par quatre routes différentes. J'ai entre-
pris dans ce genre ce qui paraissait pres-
qu'impossible.

J'ai fait prospérer l'agriculture en maintenant les lois protectrices de la propriété,
et en repartissant également les charges
publiques.

J'ai ajouté de grands monumens à ceux
que possédait la France. Ils devaient
servir de témoins à sa gloire. Je pensais
qu'ils éleveraient l'ame de nos descendans.
Les peuples s'attachent à ces nobles images
de leur histoire.

Mon trône ne brillait que de l'éclat des
armes. Les Français aiment de la grandeur jusqu'à son apparence. J'ai fait
décorer des palais; j'y ai réuni une cour
nombreuse. Je lui ai donné un caractère
austère: tout autre eût été mal assorti.

On ne s'amusait point dans ma cour.
Aussi les femmes n'ont joué qu'un rôle
mesquin—dans cette cour où tout était
consacré à la grandeur de l'état. C'est
pourquoi elles m'ont toujours détesté.
Louis XV. était beaucoup mieux leur fait.

Mon ouvrage était à peine ébauché,
lorsqu'un nouvel ennemi se présenta
inopinément dans la lice.

Depuis dix ans la Prusse s'était tenue
en paix: la France lui en avait su gré;
les alliés lui en avaient voulu beaucoup
de mal. Ils l'injuriaient, mais elle prospérait.

Sa neutralité m'avait été surtout essen-
tielle dans la dernière campagne. Pour
m'en assurer, il lui fut fait quelques
ouvertures d'une cession du Hanovre.
Je pensai qu'une pareille ouverture valait bien une petite violation de territoire
que je m'étais permise, pour accélérer la
marche d'une division que j'étais pressé
d'avoir sur le Danube.

L'Angleterre ayant rejetté les proposi-
tions de paix que nous lui avions en-
voyées, suivant notre usage, en signant

celle de Tilsit, la Prusse demanda la
cession du Hanovre.

Je ne demandais pas mieux que de lui
faire ce cadeau ; mais il me parut qu'il
était tems que cette cour se déclarât franchement pour nous, en entrant pour tout-
de-bon dans notre système. Il ne pouvait pas tout conquérir avec l'épée ; la
politique devait aussi nous donner des
alliés, et l'occasion paraissait belle.

Mais je m'apperçus que la Prusse avait de
toutes autres intentions, et qu'elle croyait
m'avoir amplement payé par sa neutralité. Dès ce moment il devenait ridicule
d'aggrandir un pays sur lequel je ne pouvais pas compter. J'y mis de l'humeur ;
je ne calculai pas assez qu'en donnant du
terrein à la Prusse je la compromettais ;
c'est-à-dire que je me l'assurais. Je refusai tout, et le Hanovre reçut une autre
destination.

Les Prussiens jettèrent les hauts cris,
parceque je ne voulais pas leur donner le
bien d'autrui. Ils se plaignirent de ma
petite violation de l'année précédente.
Ils s'avisèrent tout-d'un-coup qu'ils étaient

dépositaires de la gloire du grand Fré-
déric. Les têtes s'échauffèrent. Une espèce de mouvement national agita la noblesse de Prusse. L'Angleterre se dépêcha
de le solder, et il prit de la consistance.

Si les Prussiens m'avaient attaqué pendant que j'étais aux prises avec les Russes,
ils pouvaient me faire beaucoup de mal :
mais il était si absurde de venir, hors de
raison, nous déclarer une guerre qui ressemblait à une mutinerie de collège, que
je fus long-tems avant d'y ajouter foi.

Rien n'était plus vrai cependant, et il
fallut rentrer en campagne.

Je m'attendais bien à battre les Prussiens ; mais j'avais destiné plus de tems
à cela. Je pris des mesures contre les
agressions qu'on pourrait me susciter
d'ailleurs, et que je soupçonnais. Mais je
n'en eus pas besoin.

Par un hazard singulier, les Prussiens
ne tinrent pas deux heures. Par un
autre hazard leurs généraux n'imaginèrent
pas de défendre des places qui m'auraient tenu trois mois. En quelques
jours je fus maître du pays.

La diligence de cette déroute me prouva que cette guerre n'avait rien eu de populaire en Prusse. J'aurais dû profiter de cette découverte pour organiser la Prusse à notre manière ; mais je ne sus pas m'y prendre.

L'empire avait acquis une immense prépondérance par la bataille de Jéna. Le public commençait à regarder ma cause comme gagnée ; je m'en apperçus aux manières que l'on prit avec moi. Je commençai à le croire aussi moi-même, et cette bonne opinion m'a fait faire des fautes.

Le système sur lequel j'avais fondé l'empire était ennemi né des anciennes dinasties. Je savais qu'entr'elles et moi la guerre devait être mortelle. Il fallait donc prendre des moyens vigoureux pour la rendre aussi courte que possible, afin de ménager la souffrance des peuples et des rois.

Ainsi j'aurais dû changer, d'une part, la forme et le personnel de tous les états que la guerre mettait dans mes mains, parcequ'on ne fait pas des révolutions en gardant les mêmes hommes et les mêmes choses. J'étais donc sûr, en conservant ces gouvernemens, de les avoir toujours contre moi : c'étaient des ennemis que je ressuscitais.

Si je voulais, d'autre part, garder ces gouvernemens, faute de mieux, il fallait les rendre complices de ma grandeur, en leur faisant accepter, avec mon alliance, des territoires et des titres.

En suivant l'un ou l'autre de ces plans, suivant l'occasion, j'aurais étendu rapidement les frontières de la Révolution. Nos alliances auraient été solides, parcequ'elles auraient été faites avec les peuples. Je leur aurais apporté les avantages avec les principes de la Révolution : j'aurais éloigné d'eux le fléau de la guerre dont ils ont été persécutés pendant vingt ans, et qui a fini par les révolter contre nous.

Il est à croire que la majorité des nations du continent aurait accepté cette grande alliance, et l'Europe aurait été refondue sur un nouveau plan analogue à l'état de sa civilisation.

Je raisonnai bien, mais je fis le contraire. Au lieu de changer la dinastie

Prussienne, comme je l'en avais menacée, je lui rendis ses états après les avoir morcelés. La Pologne ne me sut pas gré de n'avoir remis en liberté que la portion de son territoire dont la Prusse s'était emparée. Le royaume de Westphalie fût mécontent de ne pas obtenir d'avantage, et la Prusse furieuse de ce que je lui avais ôté, me jura une haine éternelle.

Je m'imaginai, je ne sais pourquoi, que des souverains dépossédés par le droit de conquêtes, pouvaient devenir reconnaissants de la part qu'on leur laissait. J'imaginai qu'ils pourraient, après tant de revers, s'allier de bonne foi avec nous, parceque c'était le parti le plus sûr. J'imaginai pouvoir étendre ainsi les alliances de l'empire, sans me charger de l'odieux que les révolutions trainent après elles. Je trouvai enfin que c'était un grand rôle à jouer que celui d'ôter et de rendre des couronnes. Je m'y laissai séduire. Je me suis trompé, et les fautes ne se pardonnent jamais.

Je voulus corriger, au-moins, ce que j'avais fait en Prusse, en organisant la

Confédération du Rhin, parceque j'espérais contenir l'un par l'autre. Pour former cette confédération, j'ai aggrandi les états de quelques souverains, aux dépens de ceux d'une cohue de petits princes, qui ne servaient qu'à manger l'argent de leurs sujets, sans pouvoir leur être bons à rien. J'attachai ainsi à ma cause les souverains dont j'avais grossi le volume, par les intérêts de leur aggrandissement. Je les fis conquérans malgré eux. Mais ils se trouvèrent bien du métier. Ils ont fait volontiers cause commune avec moi. Ils ont été fidèles à cette cause tant qu'ils l'ont pu.

Le continent se trouva ainsi pacifié pour la quatrième fois. J'avais étendu la surface et la prépondérance de l'empire. Mon pouvoir immédiat s'étendait de l'Adriatique aux bouches du Veser—mon pouvoir d'opinion sur toute l'Europe.

Mais l'Europe sentait, comme moi, que cette pacification n'était encore qu'une œuvre provisoire ; parcequ'il y avait trop d'élémens de résistances, et qu'en traitant avec ces résistances, comme j'avais eu le tort de le faire, je n'avais fait que reculer la difficulté.

Le principe vital de la résistance était en Angleterre. Je n'avais aucun moyen de l'attaquer corps à corps, et j'étais sûr que la guerre se renouvellerait sur le continent, tant que le ministère Anglais aurait de quoi en payer les frais. La chose pouvait durer long-tems, parce-que les bénéfices de la guerre alimentaient la guerre. C'était un cercle vicieux dont le résultat était la ruine du continent. Il fallait donc trouver un moyen de détruire les bénéfices que la guerre maritime valait à l'Angleterre, afin de ruiner le crédit du ministère. On me proposa, dans ce but, le système continental. Il me parut bon, et je l'acceptai. Peu de gens ont compris ce système. On s'est obstiné à n'y voir d'autre but que celui de renchérir le caffé. Il devait avoir de toutes autres conséquences.

Il devait ruiner le commerce Anglais. En cela il a mal fait son devoir, parce-qu'il a produit, comme toutes les prohi-

G

bitions, un renchérissement ; ce qui est toujours à l'avantage du commerce ; et parcequ'il ne put être assez complete-ment établi pour bannir la contrebande.

Mais le système continental devait ser-vir encore à désigner clairement nos amis d'avec nos ennemis. Nous ne pouvions pas nous y tromper. L'attachement au système continental témoignait de l'at-tachement à notre cause, parcequ'il était son enseigne et son palladium.

Ce système, si débattu, était indispen-sable dans le moment où je l'ai établi ; car il faut qu'un grand empire ait non seule-ment une tendance générale pour diriger sa politique, mais son économie doit avoir une tendance pareille. Il faut une route à l'industrie, comme à toutes choses, pour se mouvoir et pour avancer. Or la France n'en avait point quand je lui ai tracé sa route en lui donnant le système continental.

L'économie de la France s'était portée, avant la Révolution, vers les colonies et le commerce d'échange. C'était la mode alors. Elle y avait eu de grands succès. A quelque point qu'on ait vanté ces succès,

ils n'avaient eu cependant d'autres résultats que ceux d'amener la ruine des finances de l'état ; la perte de son crédit ;
la destruction de son système militaire ;
la perte de sa considération au dehors ;
la langueur de son agriculture. Ces succès l'avait amené finalement à signer un
traité de commerce qui livrait son ap-
provisionnement aux Anglais.

La France avait à la vérité de beaux
ports de mer, et quelques négocians dont
les fortunes étaient colossales.

La guerre avait détruit sans retour le
système maritime. Les ports de mer
étaient ruinés. Aucune force humaine
ne pouvait leur rendre ce que la Révolution avait anéanti. Il fallait donc donner une autre impulsion à l'esprit de
trafic, pour rendre de la vie à l'industrie
de la France. Il n'y avait pas d'autre
moyen d'y parvenir que celui d'enlever
aux Anglais le monopole de l'industrie
manufacturière, pour faire de cette industrie la tendance générale de l'économie de l'état. Il fallait créer le système
continental.

G 2

Il fallait ce système, et rien de moins ;
parcequ'il fallait donner une prime é-
norme aux fabriques, pour engager le commerce à mettre en dehors les avances
qu'éxige l'établissement de tout un ensemble de fabrication.

Le fait a prouvé en ma faveur ; j'ai
déplacé le siège de l'industrie, en lui
faisant passer la mer. Elle a fait de si
grands pas sur le continent, qu'elle n'a
plus de concurrence à redouter. Si la
France veut prospérer, qu'elle garde mon
système en changeant son nom. Si elle
veut déchoir, elle n'a qu'à recommencer
des entreprises maritimes ; car les Anglais les détruiront à la première guerre.
J'ai été forcé de porter le système continental à l'extrème, parcequ'il avait pour
but de faire non-seulement du bien à la
France, mais du mal à l'Angleterre.
Nous ne recevions les denrées coloniales
que par son ministère, quelque fût le
pavillon qu'elles empruntassent pour na-
viguer. Il fallait donc en recevoir le
moins possible. Il n'y avait pas de meilleur moyen pour cela que d'en élever le
prix outre mesure. Le but politique

était rempli ; les finances de l'état en profitaient, mais j'ai désolé les bonnes femmes, et elles s'en sont vengées. L'expérience montrait, chaque jour, que le système continental était bon, car l'état prospérait, malgré le fardeau de la guerre. Les impôts étaient à jour—le crédit au pair avec l'intérêt de l'argent. L'esprit d'amélioration se montrait dans l'agriculture comme dans les fabriques. On bâtissait les villages à neuf, comme les rues de Paris. Les routes et les canaux facilitaient le mouvement intérieur. On inventait chaque semaine quelque perfectionnement ; je faisais faire du sucre avec des navets, et de la soude avec du sel. Le développement des sciences marchait de front avec celui de l'industrie.

Il aurait donc été insensé de renoncer à un système, au moment où il portait ses fruits. Il fallait l'affermir, pour donner d'autant plus de prise à l'émulation.

Cette nécessité a influé sur la politique de l'Europe, en ce qu'elle a fait à l'Angleterre une nécessité de poursuivre l'état de guerre. Dès ce moment aussi la guerre

a pris en Angleterre un caractère plus sé-
rieux. Il s'agissait pour elle de la fortune
publique ; c'est-à-dire de son existence.
La guerre se popularisa. Les Anglais
ne confièrent plus à des auxiliaires le soin
de leur protection ; ils s'en chargèrent
eux-mêmes, et parurent en grosses masses
sur le terrein. La lutte n'est devenue
périlleuse que depuis lors. J'en reçus
l'impression en signant le décret. Je
soupçonnai qu'il n'y aurait plus de repos
pour moi, et que ma vie se passerait à
combattre des résistances que le public
ne voyait plus, mais dont j'avais le secret, parceque je suis le seul que les ap-
parences n'aient jamais trompé. Je me
flattais, au fond du cœur, de rester maître
de l'avenir, au moyen de l'armée que
j'avais faite: tant de succès l'avaient rendue invincible. Elle ne doutait jamais
du succès; ses mouvemens étaient faciles,
parceque nous avions renoncé au système des camps et des magazins. On
pouvait la transporter à l'instant sur
toutes les directions, et partout elle arri-
vait avec la conscience de sa supériorité.

Avec de tels soldats, quel est le général
qui n'eût aimé la guerre. Je l'aimais, je
l'avoue ; et cependant je n'ai plus senti
en moi, depuis l'affaire de Jéna, la plé-
nitude de confiance, ni le mépris de l'a-
venir, auxquels j'avais dû mes premiers
succès. Je me défiais de moi-même :
cette défiance portait de l'incertitude
dans mes décisions : mon humeur en était
altérée ; mon caractère abatardi. Je me
commandais, mais ce qui n'est pas naturel n'est jamais parfait.

Le système continental avait décidé les
Anglais à nous faire guerre à mort. Le
nord était soumis, et contenu par mes garnisons. Les Anglais n'y avaient plus
d'autres rapports que ceux de la contrebande ; mais on leur avait livré le Portugal ; et je savais que l'Espagne favorisait
leur commerce à l'abri de sa neutralité.

Pour que le système continental fût bon
à quelque chose, il fallait qu'il fût com-
plete. Je l'avais établi, à peu de chose
près, dans le nord : il fallait le faire
respecter dans le midi. Je demandai à
l'Espagne un passage pour un corps

d'armée que je voulais envoyer en Portugal. On me l'accorda. A l'approche de
mes troupes, la cour de Lisbonne s'em-
barqua pour le Brasil, et me laissa son
royaume. Il fallut établir, aû travers,
de l'Espagne, une route militaire, pour
communiquer avec le Portugal. Cette
route nous mit en rapport avec l'Espagne.
Jusqu'alors je n'avais jamais songé à ce
pays, à cause de sa nullité.

L'état politique de l'Espagne était alors
inquiétant ; elle était gouvernée par le
plus incapable des souverains ; brave et
digne homme, dont l'énergie se bornait
à obéir à son favori. Ce favori, sans caractère et sans talent, n'avait lui-même
d'autre énergie que celle de demander
sans cesse des richesses et des dignités.

Le favori m'était resté dévoué, parcequ'il trouvait commode de gouverner
sous l'ombre de mon alliance. Mais il
avait si mal mené les affaires, que son
crédit avait baissé en Espagne. Il ne
pouvait plus s'y faire obéir. Son devoue-
ment me devenait inutile.

Les opinions avaient marché en Espagne

dans un sens inverse du reste de l'Europe. Le peuple, qui s'était élevé partout à la hauteur de la Révolution, y était resté fort au-dessous ; les lumières n'avaient pas percé jusqu'à la seconde couche de la nation. Elles s'étaient arrêtées à la surface ; c'est-à-dire sur les hautes classes. Celles-ci sentaient l'abaissement de leur patrie, et rougissaient d'obéir à un gouvernement qui perdait leur pays. On les appelait les Libéraux.

Ensorte que les révolutionaires étaient en Espagne ceux qui avaient à perdre à la révolution ; et ceux qui devaient y gagner n'en voulaient pas entendre parler. Le même contresens a eu lieu également à Naples. Il m'a fait faire beaucoup de fautes, parceque je n'en ai pas eu la clef d'entrée.

La présence de mes troupes en Espagne y causa un évenement. Chacun l'interpréta. Les têtes s'en occupèrent ; la fermentation commença. J'en fus informé. Les Libéraux furent sensibles à l'humiliation de leur pays : ils crurent

prévenir sa ruine par une conjuration.
Cette conjuration réussit. Elle se borna
à faire abdiquer le vieux roi et à rouer
de coups son favori. L'Espagne ne ga-
gnait rien au fond à ce changement, car
le fils qu'on mettait sur le trône ne valait pas mieux que son père. Je sais à
quoi m'en tenir à cet égard.

La conjuration eut à peine réussi, que
les conjurés s'épouvantèrent de leur audace. Ils eurent peur d'eux, de moi,
de tout le monde. Les moines n'approu-
vaient pas la violence qu'on avait ex-
ercée contre leur vieux roi, parcequ'elle était illégitime. Je la désapprouvai
également, par un autre motif. L'épou-
vante se mit dans la nouvelle cour, la
révolte dans le peuple, et l'anarchie dans
l'état.

La force des choses avait amené ainsi
un changement en Espagne; puisqu'une
révolution venait d'y commencer par
le fait. Cette révolution ne pouvait pas
être de la même nature que celle de la
France, parceque les élémens en étaient

différens. Jusqu'alors elle n'avait eu
aucune direction, parcequ'elle n'avait
point eu de chef, ni de parti pris d'avance.
Ce n'était encore qu'une suspension d'autorité, une subversion de pouvoir, un désordre : voilà tout.

On ne pouvait prévoir autre chose sur
le sort de l'Espagne ; si ce n'est qu'avec
un peuple ignorant et farouche, cette
révolution ne s'acheverait pas sans des
flôts de sang, et de longues calamités.

Que demandaient d'ailleurs les hommes
qui voulaient un changement en Espagne?
Ce n'était pas une révolution comme la
nôtre : c'était un gouvernement capable ;
une autorité qui fût en état d'ôter la rouille
qui couvrait leur pays, afin de lui rendre
de la considération au dehors, et de la civilisation au dedans.

Je pouvais leur donner l'un et l'autre,
en m'emparant de leur révolution au
point où ils l'avaient amenée. Il s'agissait de donner à l'Espagne une dinastie
qui serait forte parcequ'elle serait neuve,
et qui serait éclairée, parcequ'elle serait
dépourvue de préjugés. La mienne ré-

unissait ces qualités. Je songeai donc à
lui donner ce trône de plus.

A cet égard le plus difficile était fait :
c'était de se débarasser de l'ancienne dinastie. Or les Espagnols avaient laissé
abdiquer le vieux roi, et ne voulaient
pas reconnaître le nouveau. Tout semblait donc présager que l'Espagne, pour
éviter l'anarchie, accepterait un souverain
qui se présentait armé d'un levier prodi-
gieux. Elle serait entrée par là sans efforts dans le rayon du système impérial ;
et quelque déplorable que fût l'état social
de l'Espagne, il ne fallait pas dédaigner
cette conquête.

Comme il faut voir les choses par soi-
même pour s'en faire une juste idée, je
partis pour Bayonne, où j'avais invité la
vieille cour d'Espagne à se rendre. Comme
elle n'avait rien de mieux à faire, elle y
vint. J'avais invité également la nouvelle, et je m'attendais qu'elle ne vien-
drait pas, parcequ'elle avait beaucoup
mieux à faire.

Je pensai que pour ne pas le mettre en
présence ni de moi ni de son père, on

aurait fait prendre à Ferdinand ou le
parti de la révolte, ou celui de gagner
l'Amérique. Il ne prit ni l'un ni l'autre.
Il s'en vint à Bayonne, avec son précep-
teur et ses confidens, et laissa l'Espagne
au premier occupant.

Cette démarche seule me donna la mesure de cette cour. J'eus à peine con-
féré avec ces chefs de conjurés, que je
vis l'ignorance où ils étaient de leur
propre situation. Ils n'avaient de parti
pris sur rien; ils ne prévoyaient rien;
ils menaient leur politique comme des
quinze-vingt. J'eus à peine vu le souverain qu'ils avaient mis sur le trône, que
je fus convaincu qu'on ne devait pas
laisser l'Espagne en de pareilles mains.

Je me décidai alors à recevoir l'abdica-
tion de cette famille, et à placer un de
mes frères sur un trône que ses maîtres
venaient d'abandonner. Ils en étaient
descendus si facilement, que je crus qu'il
y monterait de même.

Rien en effet ne semblait s'y opposer : la
Junte de Bayonne l'avait reconnu ; aucun
pouvoir légal n'était resté en Espagne

pour refuser ce changement de règne;
le vieux roi s'était montré reconnaissant
de ce que j'avais ôté le trône à son fils, et
il était allé se reposer à Compiegne.
Son fils fut conduit au château de Valençay, où l'on avait fait les préparatifs
nécessaires.

Les Espagnols savaient à quoi s'en tenir
avec leur vieux roi : il ne laissa ni regrets ni souvenirs; mais son fils était
jeune; son règne en espérance. Il était
malheureux; on en fit un héros : l'imagination se monta en sa faveur. Les
Libéraux crièrent à l'indépendance nationale, les moines à l'illégimité; toute la
nation s'est armée sous ces deux bannières.

Je conviens que j'ai eu tort de mettre
le jeune roi en sequestre à Valençay.
J'aurais dû le laisser voir à tout le monde,
afin de détromper ceux qui s'intéressaient
à lui.

J'ai eu tort surtout de ne pas lui permettre de rester sur le trône. Les choses
auraient été de mal en pis en Espagne.
Je me serais acquis le titre de protecteur
du vieux roi, en lui donnant un asyle.

Le nouveau gouvernement n'aurait pas
manqué de se compromettre avec les Anglais. Je lui aurais déclaré la guerre
tant en mon nom qu'en qualité de fondé
de pouvoirs du vieux roi. L'Espagne
aurait confié à son armée le sort de cette
guerre, et dès qu'elle aurait été battue,
la nation se serait soumise au droit de
conquête. Elle n'aurait pas même songé
à en murmurer, parcequ'en disposant
des pays conquis, on ne fait que suivre
les usages reçus.

Si j'avais été plus patient, j'aurais suivi
cette marche. Mais je crus que le résultat étant le même, les Espagnols ac-
cepteraient *à priori* un changement de dinastie que la position des affaires rendait
inévitable. Je mis de la gaucherie dans
cette entreprise, parceque je supprimai
les gradations. Je venais de déplacer ainsi
l'ancienne dinastie d'une manière offensante pour les Espagnols. Blessés dans
leur orgueil, ils ne voulurent pas reconnaître celle que j'avais mis à sa place. Il
en résulta qu'il n'y eut plus d'autorité
nulle-part ; c'est-à-dire qu'elle se trouva

(1) *Le génie c'est la patience.*

partout. La nation en masse se crut
chargée de la défense de l'état, puisqu'il
n'y avait plus d'armée ou d'autorité auxquelles on pût confier cette défense. Chacun en prit la responsabilité : je créai
l'anarchie. Je trouvai contre moi toutes
les ressources qu'elle donne. J'eus toute
la nation sur les bras.

Cette nation, dont l'histoire n'a signalé
que l'avarice et la férocité, était peu redoutable devant l'ennemi ; elle fuyait à
la vue de nos soldats ; mais elle les assas-
sinait par derrière. Ils en étaient révoltés ;
ils avaient les armes à la main : ils
usaient de représailles. De représailles
en représailles cette guerre est devenue
une arène d'atrocités.

J'ai senti qu'elle imprimait un caractère
de violence à mon règne ; qu'elle était
d'un exemple dangereux pour les peuples
et funeste pour l'armée ; parcequ'elle con-
sommait beaucoup d'hommes et fatiguait
le soldat. J'ai senti qu'elle avait été mal
commencée ; mais une fois que cette
guerre avait été entamée, il n'était plus
possible de l'abandonner. Car le plus

petit revers enflait mes ennemis et re-
mettait l'Europe en armes. J'ai été obligé
d'être toujours victorieux.

Je ne tardai pas à en faire l'épreuve.

J'étais allé en Espagne, afin d'accélérer
les événemens et de connaître le terrain
sur lequel j'allais laisser mon frère. J'avais
occupé Madrid, et détruit l'armée An-
glaise qui venait à son secours. Mes
succès étaient rapides; l'effroi à son comble;
la résistance allait finir; il n'y avait pas
un moment à perdre; on n'en perdit pas
non-plus. Le ministère Anglais arma
l'Autriche. Il a toujours été aussi actif
à me trouver des ennemis que je l'ai été
à les battre.

Le projet de l'Autriche fut mené pour
cette fois très-adroitement : il me surprit.
Il faut rendre justice à ceux qui la mé-
ritent.

Mes armées étaient éparpillées à Naples,
à Madrid, à Hambourg. J'étais moi-même
en Espagne. Il était probable que les
Autrichiens devaient, en débutant, obtenir des succès. Ces succès pouvaient
en amener d'autres : dans ce genre, c'est

H

le premier pas qui coûte. Ils auraient pu tenter la Prusse et la Russie, retremper le courage des Espagnols, et rendre de la popularité au ministère Anglais.

La Cour de Vienne a une politique tenace, que les événemens ne dérangent jamais. J'ai été long-tems avant d'en deviner la cause. Je me suis apperçu enfin, mais trop tard, que cet état n'avait de si profondes racines que parceque la bonhommie du gouvernement l'a laissé dégénérer en oligarchie. L'état n'est plus mené que par une centaine de nobles. Ils possèdent le territoire, et se sont emparés des finances, de la politique, et de la guerre. Au moyen de quoi ils sont maîtres de tout, et n'ont laissé à la cour que la signature.

Or, les oligarchies ne changent jamais d'opinions, parceque leurs intérêts sont toujours les mêmes. Elles font mal tout ce qu'elles font ; mais elles font toujours, parcequ'elles ne meurent jamais. Elles n'obtiennent jamais de succès, mais elles supportent admirablement les revers ; parcequ'elles les supportent en société.

L'Autriche a dû quatre fois son salut
à cette forme de gouvernement. Elle
décida de la guerre qu'on venait de me
déclarer.

Je n'avais pas un moment à perdre.
Je quittai brusquement l'Espagne, et
courus sur le Rhin. Je ramassai les premières troupes que je trouvai sous ma
main. Le Prince Eugène s'était déjà
laissé battre en Italie; je lui envoyai des
renforts. Les rois de Souabe et de Bavière me prêtèrent leurs troupes : j'allai
battre avec elles les Autrichiens à Ratis-
bonne, et je marchai sur Vienne.

Je suivis à marche forcée la rive droite
du Danube. Je comptai sur le succès du
Vice-Roi pour opérer notre jonction. Je
voulais dévancer les Autrichiens à Vienne,
y passer le Danube, et me trouver en position pour recevoir l'Archiduc.

Ce plan était bien conçu ; mais il était
imprudent, parceque j'avais affaire a un
habile homme, et que je n'avais pas assez de troupes. Mais la fortune était
alors pour moi.

L'Archiduc fit en revanche une très-

H 2

belle marche. Il devina mon projet et gagna les devants. Il se porta rapidement sur Vienne, par la rive gauche du Danube, et prit position en même tems que moi. C'est à ma connaissance la seule belle manœuvre que les Autrichiens aient jamais faite.

Mon plan de campagne était manqué. J'étais en présence d'une armée formidable. Elle dominait mes mouvemens, et me forçait à l'inaction. Il n'y avait plus qu'une grande affaire qui pût terminer la guerre. C'était moi qui devais attaquer. L'Archiduc m'avait réservé ce rôle. Il n'était pas facile à jouer, car il était en position de me recevoir.

Par un bonheur inespéré, l'Archiduc Jean, au lieu de contenir à tout prix le Vice-Roi, se laissa battre. L'armée d'Italie le rejetta de l'autre côté du Danube. Nous eûmes pour nous toute sa droite.

Mais, comme nous ne voulions pas y rester toujours, il fallait en finir. Je fis jetter des ponts. L'armée s'ébranla. Le corps du Maréchal Masséna déboucha le premier. Il commençait le feu, lorsqu'un accident rompit les ponts. Il était impossible de les réparer assez-tôt pour le secourir. Il fut attaqué par toute l'armée enemie. Cette troupe se défendit avec une valeur héroïque, car elle était sans espoir. Les munitions manquèrent; ils allaient périr, lorsque les Autrichiens cessèrent leur feu, croyant qu'à chaque jour suffit sa peine. Ils reprirent position au moment décisif, et me tirèrent d'une cruelle angoise.

Nous n'en avions pas moins éprouvé un revers. Je m'en apperçus par l'état de l'opinion. On publiait ma défaite; on annonçait ma retraite; on en donnait les détails; on prévoyait ma perte. Les Tyroliens s'étaient révoltés; il avait fallu y envoyer l'armée de Bavière. Des partis s'étaient armés en Prusse et en Westphalie, et couraient le pays pour exciter un soulèvement. Les Anglais tentaient une expédition contre Anvers; qui aurait réussi sans leur ineptie. Ma position empirait chaque jour.

Enfin je parvins à jetter de nouveaux ponts sur le Danube. L'armée passa le fleuve par une nuit épouvantable. J'assistai à ce passage, parcequ'il me donnait de l'inquiétude. Il se fit à souhait Nos colonnes eurent le tems de se former, et cette grande journée s'ouvrit sous d'heureux auspices.

La bataille fut belle, parcequ'elle fut disputée. Les généraux ne firent cependant pas de grands efforts d'imagination ; parcequ'ils commandaient de grosses masses, sur un terrein plat. Il fut long-tems défendu. L'intrépidité de nos troupes, et une manœuvre hardie de Macdonald décidèrent la journée.

Une fois rompue, l'armée Autrichienne défila en désordre dans une longue plaine, où elle perdit beaucoup de monde. Je la suivis vivement, car il fallait décider la campagne. Battue en Moravie, il n'y eut d'autre parti à prendre que celui de me demander la paix. Je l'accordai pour la quatrième fois.

J'espérais qu'elle serait durable, parcequ'on se lasse d'être battu, comme de toute autre chose, et parcequ'un assez grand parti, dans Vienne, opinait en faveur d'une alliance finale avec l'empire.

Je souhaitais la paix, parceque je sentais le besoin d'accorder quelque relâche aux peuples. Car au lieu de goûter les avantages de la Révolution, ils n'en avaient vu jusqu'à présent que les ravages. Nous n'étions plus des protecteurs pour eux, comme au commencement de la guerre; et pour accoutumer l'opinion de l'Europe à la nature de mon pouvoir, il ne fallait pas le montrer toujours sous un aspect hostile.

Le parti ennemi assurait en revanche à la foule, qu'il ne s'armait que pour la délivrer du fléau de la guerre, et pour faire baisser les marchandises Anglaises.

Ces insinuations faisaient des prosélytes. La guerre dépopularisait la Révolution. C'est pourquoi je désirais la paix; mais il fallait obtenir le consentement du ministère Anglais; l'Autriche se chargea de la demander. On la refusa.

Ce refus m'inquiéta. Il fallait que l'Angleterre se connût des ressources

dont je n'avais pas le secret. Je cherchai
à les découvrir; mais en vain.

Au lieu de désarmer, je fus forcé de
rester sur le pied de guerre, et de fatiguer
l'Europe. J'en étais d'autant plus fâché,
que les alliés avaient tout l'honneur de la
lutte, si j'en avais les succès. Car ils
avaient l'air innocent que donne la dé-
fence des choses qu'on appelle légitimes,
parcequ'elles sont vieilles. J'avais en
revanche l'air agresseur, parceque je me
battais pour les détruire, et pour faire du
neuf. Je portais ainsi seul le poids de
l'accusation. Et cependant la guerre de
la Révolution n'a été que le résultat de la
position de l'Europe. C'était la crise
qui changeait ses mœurs. C'était la conséquence inévitable d'un passage d'un
système social à un autre. Si j'avais été
l'inventeur de ce système, j'aurais été
coupable des maux qu'il a faits. Mais il
n'a été inventé par personne. Il n'a été
produit que par la marche du tems. Elle
a préparé sourdement cette Révolution
comme elle avait amené celle du Protes-

tantisme, avec les malheurs qui l'ont
suivie. La guerre n'a pas dépendu davantage de moi que des alliés. Elle a
dépendu de la manière dont la création a
fait le genre humain.

L'Angleterre continua la guerre sans
auxiliaires, mais non pas sans alliés ; car
elle avait pour tels tous les ennemis de
la Révolution. Nous avions du terrein
en Espagne pour nous battre. J'y renvoyai mes troupes ; mais je n'y retournai
pas moi-même. J'ai eu tort, parcequ'il
n'y a que soi qui fasse bien ses affaires.
Mais j'étais fatigué de ce tracas, et je mé-
ditais dès-lors un projet qui devait donner
à mon règne un nouveau caractère.

On me suscita auparavant un autre
embarras dont je n'avais pas eu l'appré-
hension. Le nord était occupé par mes
troupes. Les Anglais n'étaient pas assez
forts pour m'attaquer sur ce point.
C'était dans la Méditerranée que leur
marine leur assurait de la supériorité.
Ils y possédaient Malte, et jouissaient de
la Sicile, des côtes d'Espagne, d'Afrique,

et de la Grèce. Ils voulurent profiter de tant d'avantages.

Ils essayèrent d'exciter un mouvement de réaction en Italie, pour en faire une seconde Espagne, si la chose était faisable. Il y avait des mécontents partout : car je n'avais pas pu placer tout le monde dans les droits-réunis. Il y en avait en Italie comme ailleurs. Le clergé ne m'aimait pas ; parceque mon règne avait détruit le sien. Les dévots me détestaient à son exemple. Le bas peuple partageait ces sentimens, parceque le clergé l'influençait encore en Italie. Le quartier général de cette opposition s'était établi à Rome, comme la seule ville d'Italie où elle espérait se dérober à ma surveillance. Elle communiquait de-là avec les Anglais ; elle provoquait la révolte ; elle m'insultait dans des écrits clandestins ; elle répandait de faux bruits. Elle recrutait pour les Anglais ; elle soudoyait les bandits du Cardinal Ruffa, pour assasiner les Français ; elle essayait de faire sauter le palais du ministre de la police à Naples. Il de-

venait manifeste que les Anglais avaient
un plan sur l'Italie, et qu'ils y fomentaient
des troubles.

Je ne devais pas le permettre : je ne
devais pas souffrir qu'on insultât et qu'on
assasinât des Français. Je me contentai
d'en faire à diverses reprises des plaintes
au St. Siège. J'en recevais des réponses
obligeantes pour m'engager à prendre
mon mal en patience. Comme je n'ai
jamais été patient de mon naturel, je vis
qu'il y avait une mauvaise volonté décidée contre nous, et qu'il fallait prendre
les devants pour en prévenir l'explosion.
Je fis occuper Rome par mes troupes.

Au lieu d'arrêter l'effervescence, cette
mesure, un peu violente, irrita les esprits.
Elle maintint le repos de l'Italie, et dé-
joua les plans de Lord Bentinck ; mais
la caste des dévots fit secrètement contre
moi tout ce que la haine et l'esprit de
l'Eglise peuvent suggérer.

Ce foyer de troubles avait des rami-
fications en France et en Suisse. Le
clergé, les mécontents, les partisans de
l'ancien régime, (car il y en avait encore),

s'étaient réunis pour intriguer contre mon autorité, et me faire le plus de mal qu'ils pourraient. Il ne se présentaient plus comme des conjurés : ils avaient emprunté les bannières de l'Eglise, et se battaient avec des foudres, et non-pas avec du canon. Ils avaient leur mot d'ordre et de ralliement. C'était une maçonnerie orthodoxe que je ne pouvais atteindre nulle part, parcequ'elle était partout.

Il était d'ailleurs difficile d'attaquer ces gens en détail, parceque ç'aurait été une persécution. Or c'est le métier des faibles et non des forts. Je crus pouvoir dissiper ce parti en l'effrayant par un grand coup d'autorité. Je voulais lui montrer ma résolution, pour lui faire comprendre que je voulais maintainir le respect de l'ordre et de l'autorité, et que rien ne me coutait pour y parvenir.

Je savais que je ne pouvais pas atteindre plus sûrement ce parti qu'en le séparant du chef de l'eglise. J'attendis long-tems avant de prendre cette résolution, parceque j'y répugnais ; mais plus je tardai plus il devenait nécessaire de me décider. Je me répétai que Charles-Quint, qui était plus dévot et moins puissant que moi, avait ôsé faire un pape prisonnier. Il ne s'en était pas mal trouvé, et je crus pouvoir tenter la même chose. Le pape fut enlevé de Rome, et conduit à Savone. Rome fut réuni à la France.

Cet acte politique a suffi pour déjouer les projets de l'ennemi. L'Italie est restée calme et dévouée jusqu'au jour où l'empire a fini. Mais la guerre de l'église se poursuivit avec le même acharnement. Le zèle des dévots se ralluma. C'était une action sourde, mais vénimeuse, contre moi. Quelque soin que j'aie pris, les dévots sont parvenus à communiquer avec Savone, et à recevoir leurs instructions. Les trappistes de Fribourg faisaient aller cette correspondence; elle s'imprimait chez eux, et circulait de curés en curés dans tout l'empire. Il fallut transférer le St. Père à Fontainebleau, et chasser les trappistes pour arrêter ces communications. Et je crois que je n'y suis pas parvenu.

Cette petite guerre a été d'un mauvais

effet, parceque je n'ai pu lui ôter le caractère de persécution. Il fallait sévir forcément contre des gens désarmés, et j'en faisais malgré moi des victimes. Ces malheureuses affaires de l'église m'ont fait jusqu'à 500 prisonniers d'état. La politique n'en a pas donné 50. J'ai eu tort dans toute cette affaire : j'étais assez fort pour laisser courir les faibles, et j'ai fait beaucoup de mal, parceque j'ai voulu le prévenir.

Un grand projet occupait l'état. Il me paraissait de nature à consolider mon règne en me plaçant vis-à-vis de l'Europe dans un nouveau rapport. J'en attendais de grands résultats.

Mon pouvoir n'était plus contesté : il ne lui manquait que le caractère de perpétuité, qu'il ne pouvait recevoir tant que je n'aurais point d'héritier. Ma mort pouvait être sans cela un moment dangereux pour ma dinastie; car pour être entière il ne faut pas qu'une autorité ait des époques marquées davance.

Je comprenais la nécessité de me séparer d'une femme dont je ne pouvais

plus attendre de postérité : j'y répugnais
par la douleur de quitter la personne que
j'ai le plus aimé. Je fus long-tems avant
de m'y résoudre. Mais elle s'y résigna
d'elle-même avec le dévouement qu'elle
a toujours eu pour moi. J'acceptai son
sacrifice, parcequ'il était indispensable.
La politique la plus simple m'indiquait
l'alliance de la maison d'Autriche. La
cour de Vienne était fatiguée de ses revers. En s'unissant sans retour avec
moi, elle mettait sa sécurité sous ma garantie. Par cette alliance elle devenait
complice de ma grandeur, et j'avais dès-
lors autant d'intérêt à la protéger que
j'en avais eu à la battre. Par cette alliance
nous formions la masse de puissance la
plus formidable qui ait existé. Nous dé-
passions l'empire Romain. Cette alliance
se contracta.

Il ne resta plus sur le Continent, en
dehors de notre masse, que la Russie et
les débris de la Prusse. Le reste nous
obéissait. Une si grande prépondérance
devait porter le découragement chez nos
ennemis ; et j'ai pu croire, sans trop de

prévention, que j'avais fini mon œuvre, et que j'avais placé mon trône à l'abri des tempêtes.

Mon calcul était juste, mais les passions ne calculent pas. L'apparence était cependant en ma faveur. Le continent était tranquille, et s'accoutumait à me voir régner. Il me le témoignait du-moins par ses génufléxions. Elles étaient si profondes qu'un plus habile y aurait été trompé comme moi. Le respect qu'on portait au sang de la maison d'Autriche légitimait mon règne aux yeux des souverains. Ma dinastie prenait rang dans l'Europe, et je sentais qu'on ne disputait plus le trône au fils à qui l'Impératrice venait de donner le jour.

Il n'y avait plus de troubles qu'en Espagne, où les Anglais avaient porté de grandes forces. Mais cette guerre ne me donnait pas d'inquiétude, parceque j'étais résolu d'être plus tenace encore que les Espagnols, et qu'avec du tems on vient à bout de tout.

L'empire était assez fort pour soutenir cette guerre sans en être offensé. Elle n'empêchait ni les embellissemens dont je décorais la France ni les entreprises utiles qu'elle reclamait. L'administration s'améliorait. J'organisais les institutions qui devaient assurer la force de l'empire, en relevant une génération pour devenir son appui.

L'obligation de maintenir le système continental amenait seule des difficultés avec les gouvernemens, dont le littoral facilitait la contrebande. Entre ces états la Russie se trouvait dans une situation embarrassante: sa civilisation n'était pas assez avancée pour lui permettre de se passer des produits de l'Angleterre. J'avais exigé, cependant, qu'ils fussent prohibés: c'était une absurdité, mais elle était indispensable pour compléter le système prohibitif. La contrebande se faisait. Je l'avais prévu, parceque le gouvernement Russe surveille mal son pays. Mais comme on passe moins facilement par les portes fermées que par les portes ouvertes, la contrebande amène toujours beaucoup moins de marchandises que la libre entrée. Je remplissais

I

ainsi les deux-tiers de mon but. Cependant je ne m'en plaignis pas moins. On
se justifia ; on recommença. Nous nous
irritions. Cette manière d'être ne pouvait pas durer.

Nous devions en effet nous froisser
avec la Russie, depuis l'alliance que j'avais
contractée avec l'Autriche. La Russie
devait savoir que notre union politique
ne pouvait plus avoir d'autre ennemi
qu'elle-même ; attendu que nous étions
maîtres de tout le reste. Il fallait donc
qu'elle se résignât à une complaisante nullité, ou qu'elle essayât de nous tenir tête,
et de maintenir son rang. Elle était trop
forte pour consentir à n'être rien. Elle
était aussi trop faible pour nous résister ;
mais dans cette alternative il valait mieux
mettre de la fierté dans son attitude, que
de se reconnaître d'avance pour vaincu.
Car ce dernier parti est toujours le
plus mauvais. La Russie se décida pour
le premier.

D'après cela je rencontrai inopinément
de la hauteur dans mes rapports avec
Pétersbourg. On me refusa de confis-

quer les contrebandes. On se plaignit
de l'occupation du pays d'Oldenbourg.
Je répondis sur le même ton. Il était
clair que nous allions nous brouiller;
car nous n'étions endurans ni l'un ni
l'autre, et nous étions de force à nous
mésurer.

J'avais une grande confiance dans l'issue de cette guerre; parceque j'avais
conçu un plan au moyen duquel j'espérais terminer, pour toujours, la longue
lutte dans laquelle j'avais consumé ma
vie. Il me semblait, d'ailleurs, que parvenu au point où nous en étions de notre
histoire, les souverains de l'Europe ne
devaient point prendre de part directe à
ce dernier conflit; car nos intérêts étaient
devenus les mêmes. La politique des
princes devait pencher maintenant en ma
faveur; parceque mon métier n'était plus
d'ébranler les trônes, mais de les raffer-
mir. J'avais rendu de nouveau la royauté formidable. En cela j'avais travaillé
pour eux. Ils étaient sûrs de régner par
mon alliance, également à l'abri de la
guerre et des révolutions.

12

Cette politique était si grosse, que je
crus les souverains assez clairvoyans
pour l'appercevoir. Je ne me défiai pas
d'eux. Qui aurait pu deviner, en effet,
que séduits par la haine qu'ils avaient
pour moi, ils abandonneraient le parti
du trône, et remettraient eux-mêmes la
révolution dans leurs états, pour en être
tôt ou tard les victimes?

J'avais calculé que la Russie était d'un
trop gros volume pour qu'elle pût jamais entrer dans le système européen
que je venais de refaire, et dont la
France était le centre. Il fallait donc la
remettre en dehors de l'Europe pour
qu'elle ne gâtât pas l'unité de ce système.
Il fallait donner à cette nouvelle démar-
cation politique des frontières assez solides pour résister au poids de toute
la Russie. Il fallait remettre de force
cet état dans la place qu'il occupait il y
a cent ans.

Il n'y avait que la masse de mon empire qui fût assez vigoureuse pour tenter
un pareil acte de violence politique.
Mais je crois qu'il était possible, et je

crois qu'il était l'unique moyen, de mettre
le monde à l'abri des Cosaques.

Pour faire réussir ce plan, il fallait refaire la Pologne sur une base étoffée, et
battre les Russes pour leur faire accepter
les frontières qu'on allait tracer avec la
pointe de l'épée. La Russie aurait pu
signer sans honte la paix qui devait établir ces frontières ; parcequ'elle n'aurait
rien eu d'outrageant pour elle. C'était
un aveu de sa force, un signe de crainte
de notre part.

Placée ainsi, par mes précautions, hors
du rayon de l'économie européenne ;
séparée de cette économie par trois cent
mille gardiens, la Russie aurait renoué
avec l'Angleterre : elle aurait conservé
son indépendance politique, et sa manière
d'être dans leur intégrité ; parcequ'elle
nous aurait été aussi étrangère que le
royaume du Thibet.

Il n'y avait de raisonable que ce plan.
On en regrettera tôt ou tard la ruine :
car l'Europe, rangée par un consentement mutuel sous un système unique,
refondu sur le modèle que demandait

la disposition du siècle, aurait offert le
plus grand spectacle que l'histoire ait
décrit. Mais trop de préventions ob-
struaient les yeux des souverains, pour
qu'ils pussent voir le danger là où il
était. Ils crurent le voir là où était le
secours.

Je partis pour Dresde. Cette guerre
allait décider, sans retour, la question qui
se débattait depuis vingt ans ; puisque
cette guerre devait être la dernière : car
au-de-là de la Russie, le monde finit. Nos
ennemis n'avaient plus qu'un moment :
c'est pourquoi ils tentèrent leur dernier
effort. La cour d'Autriche commença
par déranger mes plans sur la Pologne,
en refusant de rendre ce qu'elle en avait
pris. Je crus être tenu à des égards pour
elle, et cette seule faiblesse a perdu mes
affaires ; car du moment que j'avais cédé
sur ce point, il me fut impossible d'aborder franchement la question de l'indépendance Polonaise. Je fus obligé de mor-
celer ce pays, sur lequel devait reposer
la sécurité de l'Europe. Je donnai, par
ma faiblesse, du mécontentement, et sur-

tout de la défiance, aux Polonais : car ils virent que je les sacrifiais à mes convenances. Je sentis ma faute, et j'en eus honte. Je ne voulus plus aller à Varsovie ; je n'y avais plus rien à faire pour le moment. Je n'avais plus d'autre parti à prendre que celui de confier aux victoires à venir le sort de cette nation.

Je savais que la témérité réussit souvent : je pensai qu'il me serait possible de faire en une seule campagne ce que j'avais compté faire en deux. Cette promptitude me plaisait, car je commençai à avoir de l'inquiétude dans le caractère. J'étais à la tête d'une armée qui ne connaissait plus d'autres sentimens que celui de la gloire, et plus d'autre patrie que les champs de bataille. Au lieu d'assurer mon terrein, et d'avancer à coup sûr, je traversai la Pologne, et passai le Niémen. Je battis les armées qu'on m'opposa ; je marchai sans relâche, et j'entrai dans Moskow.

Ce fut le terme de mes succès, et ç'aurait dû être celui de ma vie.

Maître d'une capitale que les Russes m'avaient remis en cendres, j'aurais dû croire que cet empire s'avouerait vaincu,

et qu'il accepterait les belles conditions
de la paix que je lui fis proposer. Mais
ce fut alors que la fortune abandonna
notre cause. L'Angleterre conclut un
traité entre la Russie et la Porte qui ren-
dit l'armée Russe disponible. Un Français, tombé par hazard sur le trône de
Suède, trahit les intérêts de sa patrie, et
s'allia avec ses ennemis, dans l'espoir de
troquer la Finlande contre le Norvège.

Il traça lui-même le plan de défense de
la Russie, et l'Angleterre empêcha qu'elle
n'acceptât la paix. Je fus étonné des re-
tards qu'éprouvait sa conclusion. La
saison s'avançait. Il devint évident qu'on
ne voulait pas la paix. Dès que j'en fus
certain, j'ordonnai la retraite. Les élémens la rendirent sévère. Les Français
s'y acquirent de l'honneur, par la fermeté
avec laquelle ils supportèrent ces revers.
Leur courage ne les a jamais quittés qu'a-
vec la vie.

Ebranlé moi-même par la vue de ce
désastre, j'ai eu besoin de me rappeler
qu'un souverain ne doit jamais ni plier
ni s'attendrir.

L'Europe était encore plus étonnée de

mes revers qu'elle ne l'avait été de mes
succès. Mais je ne devais pas me méprendre à sa stupeur. Je venais de perdre la
moitié de cette armée qui avait fait sa terreur. On pouvait espérer d'en vaincre les
restes, car la proportion des forces était
changée. Je devais donc prévoir que le
premier étonnement passé, j'allais retrouver contre moi l'éternelle coalition dont
j'entendais déjà les cris de joie.

C'est un mauvais moment pour faire la
paix, que celui d'une défaite. Cependant
l'Autriche, qui se consolait de me voir
baisser, (puisque sa part dans notre alliance en devenait meilleure), l'Autriche
voulut proposer la paix. Elle offrit sa
médiation ; mais on n'en voulut pas : elle
avait tué son crédit.

Il fallait donc vaincre de nouveau, et
je fus sûr de mon fait lorsque je vis la
France partager mon opinion. Jamais
l'histoire n'a montré un grand peuple
sous un plus beau jour. Affligé de ses
pertes, il ne songea qu'à les réparer. En
trois mois il en vint à bout. Ce seul fait
répond aux clabauderies de ces hommes

qui ne savent triompher que par les dé-
sastres de leur patrie.

La France me doit peut-être en partie
l'attitude qu'elle conserva dans le malheur, et s'il y a eu dans ma carrière un
moment qui mérite l'estime de la postérité, ce doit être celui-là, car il me fut
pénible à soutenir.

Je reparus ainsi, à l'ouverture de la
campagne, aussi formidable que jamais.
L'ennemi fut surpris de revoir sitôt nos
aigles : l'armée que je commandais était
plus belliqueuse qu'aguerrie ; mais elle
portait l'héritage d'une longue gloire, et
je la menai à l'ennemi avec confiance.
J'avais une grande tâche à remplir ; il
fallait refaire notre crédit militaire, et reprendre sous œuvre la lutte qui avait été
près de se terminer. Je tenais encore l'Italie, la Hollande, et la plûpart
des places de l'Allemagne. Je n'avais
perdu que peu de terrain ; mais l'Angleterre doublait ses efforts. La Prusse nous
faisait la guerre par insurrection. Les
princes de la confédération se tenaient
prêts à marcher au secours du plus fort, et

comme je l'étais encore, ils suivaient mes
drapeaux, mais mollement. L'Autriche
tâchait de garder la dignité des neutres;
tandis qu'on courait l'Allemagne avec
des brandons pour ameuter les peuples
contre nous. Tout mon système était
ébranlé.

Le sort du monde appartenait au hazard ; car il n'y avait de plan arrêté nulle
part. Il dépendait d'une bataille. La
Russie devait décider la question ; parcequ'elle se battait avec de grandes forces
et de bonne foi.

J'attaquai l'armée Prusso-Russe, et je
la battis trois fois.

Comme ce succès dérangeait les plans
des favoris de l'Angleterre, on fit sem-
blant d'abandonner tous les projets hos-
tiles, et l'on chargea l'Autriche de me
proposer la paix.

Les conditions en étaient supportables
en apparence, et beaucoup d'autres à ma
place les auraient acceptées. Car on ne
demandait que la réstitution des pro-
vinces Illyriennes, et des villes Anséatiques ; la nomination de souverains in-

dépendans dans les royaumes d'Italie et
de Hollande ; la retraite de l'Espagne, et
le retour du Pape à Rome. On devait
me demander en outre de renoncer à la
confédération du Rhin, et à la médiation
de la Suisse ; mais on avait ordre de céder
sur ces deux articles.

J'étais donc bien baissé dans l'opinion,
puisqu'après trois victoires, on ôsait m'offrir d'abandonner des états que les alliés
n'ôsaient pas même menacer encore.

Si j'avais consenti à recevoir la paix,
l'empire aurait déchu plus vîte qu'il ne
s'était élevé. Il restait, par ce traité, encore puissant sur la carte, mais il n'était
plus rien dans le fait. L'Autriche, en
s'élevant au rôle de médiateur, rompait
notre alliance, et s'unissait à l'ennemi.
En restituant les villes Anséatiques, j'ap-
prenais que je pouvais rendre, et tout le
monde aurait voulu ravoir son indépendance. Je mettais l'insurection dans tous
les pays réunis. En abandonnant l'Espagne, j'encourageais toutes les résistances.
En déposant la couronne de fer, je mettais en compromis celle de l'empire. Les

chances de la paix m'étaient toutes fu-
nestes ; celles de la guerre pouvaient me
sauver.

Il faut le dire, de trop grands succès, et
de trop grands revers, avaient marqué
mon histoire, pour qu'il me fût possible
alors de remettre la partie à un autre jour.
Il fallait que la grande révolution du 19me
siècle s'achevât sans retour, ou qu'elle
s'étouffât sous un monceau de morts. Le
monde entier était en présence pour décider cette question. Si j'avais signé la
paix à Dresde, je l'aurais laissée indécise,
et il aurait fallu la reprendre plus tard.
Il aurait fallu recommencer cette longue
carrière de succès que j'avais déjà par-
courue. Il aurait fallu la recommencer,
lorsque je n'étais plus jeune, avec un
empire fatigué, auquel j'avais promis la
paix, et qui m'aurait blâmé de ne l'avoir
pas acceptée.

Il valait donc mieux profiter d'un moment unique, où la destinée du monde ne
tenait plus qu'à une seule bataille ; car
on me l'aurait abandonné, si je l'avais
gagnée.

Je refusai la paix. Comme chacun

voit par ses yeux, l'Autriche ne vit
que mon imprudence, et crut le moment
favorable pour se ranger avec mes ennemis. Je ne fus cependant convaincu de
cette défection qu'au dernier moment;
mais j'étais en mesure de la soutenir.
Mon plan de campagne était fait. Il aurait produit un resultat décisif.

L'inconvénient des grandes armées,
c'est que le général ne peut être partout.
Mes manœuvres étaient, je crois, les meilleures que j'aie combinées; mais le général Vandamme quitta sa position, et se fit
prendre. Croyant se faire maréchal de
l'empire, Macdonald manqua de se noyer
dans des débordemens. Le Maréchal Ney
se laissa franchement battre: mon plan
fut renversé dans quelques heures.

J'étais battu; j'ordonnai la retraite;
j'étais encore assez fort pour reprendre
l'offensive, en changeant de terrein. Je
ne voulus pas perdre l'avantage des
places que j'occupais; puisqu'avec une
seule victoire, je me retrouvais maître
du nord jusqu'à Dantzick. Je renforçai,
au contraire, mes garnisons, en leur or-

donnant de tenir jusqu'à l'extrémité. En cela elles ont éxécuté mes ordres.

Je me retirais lentement avec une masse imposante ; mais je me retirais, et les ennemis me suivaient en se grossissant : car rien n'augmente les battaillons comme le succès. Toute l'inimitié que le tems avait amassée, se soulevait à la fois. Les Allemands voulaient se venger des maux de la guerre : le moment était propice ; j'étais battu. Comme je l'avais prévu, les ennemis sortaient de terre. Je les attendis à Leipsick, dans ces mêmes plaines où ils avaient été battus peu auparavant.

Notre position n'était pas bonne, parceque nous étions attaqués en demi-circle. La victoire même ne pouvait pas avoir de grands résultats pour nous. Nous eûmes en effet l'avantage le premier jour ; mais sans pouvoir reprendre l'offensive. C'était donc une bataille nulle, et il fallut la recommencer. L'armée se battait bien malgré sa lassitude ; mais alors, par un acte que la postérité désignera comme elle voudra, les alliés qui se battaient dans nos rangs tournèrent inopinément leurs armes contre nous, et nous fumes vaincus.

Nous reprimes le chemin de la France. Mais une si grande retraite ne put pas se faire sans désordre. L'épuisement, la faim, firent périr beaucoup de monde. Les Bavarois, après avoir déserté nos drapeaux, voulurent nous empêcher de revenir en France. Les Français passèrent sur leurs cadavres, et rentrèrent à Mayence. Cette retraite coûta autant de monde que celle de Russie.

Nos pertes étaient si grandes, que j'en fus moi-même consterné. La nation en fut abattue. Si les ennemis avaient poursuivi leur marche, ils seraient rentrés avec notre arrière-garde dans Paris. Mais l'aspect de la France les intimida. Ils regardèrent long-tems nos frontières, avant d'ôser les franchir.

Il ne s'agissait plus alors de la gloire, mais de l'honneur de la France : c'est pourquoi je comptais sur les Français. Mais je n'étais plus heureux ; je fus mal servi. Je n'en accuse pas ce peuple, tou-

jours prêt à verser son sang pour sa patrie. Je n'en accuse pas la trahison; car
il est plus difficile de trahir qu'on ne
croit. Je n'en accuse que ce découragement, fruit ordinaire du malheur. Je
n'en fus pas exempt moi-même. L'homme
découragé reste indécis, parcequ'il ne voit
devant lui que de mauvais partis, et ce
qu'il y a de pire dans les affaires c'est
l'indécision.

J'aurais dû me défier davantage de cet
abatardissement général, et pourvoir à tout
par moi-même. Mais je me confiai à un
ministère épouvanté, où tout s'exécutait
mal. Les places fortes n'étaient ni répa-
rées ni munies, parcequ'elles n'avaient
pas été menacées depuis vingt ans. Le
zèle des paysans y pourvut; mais la plupart des commandans étaient de vieux
infirmes, qu'on avait mis là pour se reposer. La plupart de mes préfets étaient
timides, et ne songèrent qu'à emballer
aulieu de se défendre. J'aurais dû les
changer à tems pour n'avoir en première
ligne que des hommes intrépides : si tant

K

est qu'on en trouve dans ceux qui ont à perdre.

Rien n'était encore prêt pour notre défense, lorsque les Suisses livrèrent aux alliés le passage du Rhin. Malgré leurs victoires, les ennemis n'avaient pas ôsé l'aborder de front, et ils ne s'avancèrent qu'à pas de loup. Ils étaient effrayés de marcher sans obstacle sur cette terre, qu'ils croyaient hérissée de bayonettes. Ils ne rencontrèrent nos avant-gardes qu'à Langres. Alors commença cette campagne, trop connue pour que je la répète; mais qui laissera un nom immortel à cette poignée de braves, qui ne désespérèrent pas du salut de la France. Ils me rendirent de la confiance, et je crus, à trois reprises, que rien n'était impossible avec de tels soldats.

J'avais encore une armée en Italie, et de fortes garnisons dans le Nord. Mais je n'avais pas le tems de les faire venir à mon secours. Il fallait vaincre sur place. Le sort de l'Europe s'était concentré sur moi seul. Il n'y avait d'important que le point où j'étais.

Les alliés m'offraient la paix ; tant ils se défiaient de leurs succès. Après l'avoir refusée à Dresde, je ne pouvais pas l'accepter à Chatillon. Pour faire la paix, il fallait sauver la France, et replanter nos aigles sur le Rhin.

Après une telle épreuve, nos armes auraient été reputées invincibles. Nos ennemis auraient tremblé devant cette fatalité qui me donnait la victoire. Maître encore du midi et du nord par mes garnisons, une seule bataille me rendait mon ascendant. J'aurais eu la gloire des revers, comme celle de victoires.

Ce résultat était prêt ; mes manœuvres avaient réussi. L'ennemi était tourné : il perdait la tête. Une émeute générale allait en finir. Il ne fallait plus qu'un moment. Mais ma perte était décidée. Un courier, que j'avais imprudemment adressé à l'impératrice, tomba dans les mains des alliés. Il leur fit voir qu'ils étaient perdus. Un Corse, qui se trouvait dans leur conseil, leur apprit que la prudence était plus dangereuse que l'audace. Ils prirent le seul parti que je n'avais pas prévu, parceque c'était le seul bon. Ils gagnèrent l'avance, et marchèrent sur Paris.

On avait promis de leur en faciliter l'entrée, mais cette promesse aurait été illusoire, si j'avais remis la défense de Paris en de meilleures mains. Je m'étais confié à l'honneur de la nation, et j'avais laissé follement en liberté ceux que je connaissais pour en être dépourvus. J'arrivai trop tard à son secours, et cette ville, qui n'a su défendre ni ses souverains ni ses murailles, avait ouvert ses portes à l'étranger.

J'ai accusé le Général Marmont de m'avoir trahi. Je lui rends justice aujourd'hui. Aucun soldat n'a trahi la foi qu'il devait à son pays. C'est dans une autre classe qu'on a trouvé des lâches. Mais je ne fus pas maître d'un premier mouvement de douleur, en voyant la capitulation de Paris signée par mon plus ancien frère d'armes.

La cause de la Révolution était perdue puisque j'étais vaincu. Ce n'étaient ni les royalistes, ni les poltrons, ni les mécontents, qui m'avaient renversé : c'étaient les armées ennemies. Les alliés étaient maîtres du monde, puisque je ne leur disputais plus cet empire.

J'étais à Fontainebleau, entouré d'une troupe fidèle, mais peu nombreuse. J'aurais pu tenter encore avec elle le sort des combats, car elle était capable d'actions héroïques. Mais la France aurait payé trop cher le plaisir de cette vengeance. Elle aurait eu le droit de m'accuser de ses maux. Je veux qu'elle ne m'accuse que de la gloire où j'ai porté son nom. Je me résignai.

On vint me proposer des abdications. Pour ma part, je trouvai que c'était une momerie. J'avais abdiqué le jour où j'avais été battu. Mais cette formule pouvait servir un jour à mon fils. Je n'hésitai pas à la signer.

Un parti nombreux aurait souhaité que cet enfant montât sur le trône, pour conserver la Révolution avec ma dynastie. Mais la chose était impossible. Les alliés n'avaient pas même de choix ; ils étaient obligés de rappeler les Bourbons. Cha-

cun s'est vanté d'avoir opéré leur retour.
Ce retour était forcé. Il était la conséquence immédiate des principes pour
lesquels on se battait depuis vingt ans.
En prenant la couronne, j'avais mis les
trônes à l'abri des peuples. En la ren-
dant aux Bourbons, on les mettait à
l'abri des soldats heureux. C'était donc
la seule manière d'éteindre sans retour le
feu révolutionaire. L'appel de tout autre
souverain sur le trône de France, n'aurait été autre chose qu'une sanction so-
lemnelle de la Révolution; c'est-à-dire un
acte insensé dans l'intérêt des souverains.

Je dirai plus ; le retour des Bourbons
était un bonheur pour la France. Il la
sauvait de l'anarchie, et lui promettait
le repos, parcequ'il lui assurait la paix.
Elle était forcée entre les Alliés et les
Bourbons ; parcequ'ils se servaient mu-
tuellement de garantie. La France n'était
pas complice de cette paix ; parcequ'elle
ne se traitait pas en sa faveur, mais pour
le profit de la famille qu'il convenait aux
Alliés de remettre sur le trône. C'était
un traité où l'on voulait faire bonne-part

à tout le monde. C'était donc la meilleure manière dont la France pût se tirer de la plus grande défaite qu'une nation guerrière ait jamais éprouvée.

J'étais prisonnier. Je m'attendais à être traité comme tel. Mais soit par cette sorte de respect qu'inspire un vieux guerrier, soit par l'esprit de générosité qui a présidé à cette révolution, on me proposa de choisir un asyle. Les Alliés me cédèrent une isle et un titre, qu'ils regardèrent comme aussi vain l'un que l'autre. Ils me permirent, (et en cela leur générosité fut pleine de noblesse), ils me permirent d'amener avec moi un petit nombre de ces vieux soldats avec lesquels j'avais couru tant de fortunes. Ils me permirent d'amener avec moi quelques uns de ces hommes que le malheur ne decourage pas.

Séparé de ma femme et de mon fils, contre toutes les lois divines et humaines, je me retirai dans l'Isle d'Elbe, sans aucune espèce de projets pour l'avenir. Je n'étais plus qu'un des spectateurs du siècle. Mais je savais, mieux que personne, en quelles mains l'Europe allait

tomber. Je savais d'après cela qu'elle
serait menée par le hazard. Les chances
de ce hazard pouvaient me remettre en
jeu. Cependant l'impuissance d'y con-
tribuer m'empêchait de former des plans,
et je vivais comme étranger à l'histoire.
Mais la marche des événemens se préci-
pita plus que je ne croyais, et je fus surpris par eux dans ma retraite.

Je recevais les journaux : ils m'appre-
naient le gros des affaires. Je tâchai d'en
saisir l'esprit à travers leurs mensonges.

Il me parut évident que le Roi avait
connu le secret de notre siècle. Il avait
su que la majorité de la France voulait
la Révolution. Il savait, par vingt-cinq
ans d'expérience, que son parti était trop
faible pour résister à cette majorité. Il
savait que la majorité finit par faire la
loi. Il fallait donc pour régner qu'il
régnât avec la majorité, c'est-à-dire avec
la Révolution. Mais pour n'être pas révolutionaire lui-même, il fallait que le
roi refit la Révolution comme à neuf, en
vertu du droit divin qui lui était de-
parti.

Cette idée était ingénieuse ; elle rendait les Bourbons révolutionaires en sureté de conscience, et rendait les révolutionaires royalistes, en maintenant leurs intérêts et leurs opinions. Il ne devait donc plus y avoir qu'un cœur et qu'une âme dans toute la nation. C'est ce qu'on répétait, mais ce qui n'était pas vrai.

Il y avait cependant tant de bonheur dans cette combinaison, que la France, sous ce régime, aurait été florissante en peu d'années. Le roi aurait résolu, en un trait de plume, le problème pour lequel j'avais combattu pendant vingt ans, puisqu'il établissait la nouvelle économie politique en France, et la faisait reconnaître, sans contestation, de toute l'Europe. Il ne lui fallait, pour réussir, que de savoir être maître chez lui.

Pour opérer ce grand œuvre, le roi avait donné une charte, jettée sur le moule où l'on fait toutes les chartes. Elle était excellente, parcequ'elles le sont toutes quand on les fait marcher. Mais comme les chartes ne sont que des feuilles de papier, elles n'ont de valeur que par l'autorité qui se charge de les défendre. Or

cette autorité ne se plaça nulle part. Aulieu de se réunir dans les seules mains qui
en étaient responsables, le roi la laissa s'é-
parpiller dans tout le parti qui portait
son nom. Au lieu d'être l'unique chef
de l'état, il se laissa constituer en chef de
parti. Tout prît en France une couleur
factieuse. L'anarchie s'y mit.

Dès-lors il n'y eut plus que de l'incon-
séquence et de la contradiction dans le
système de la cour. Les mots n'allaient
jamais aux choses, parcequ'on voulait, au
fond du cœur, autre chose que ce qui était.

Le roi avait donné la charte pour empêcher qu'on ne la prît ; mais il était évident que le premier moment passé, les
royalistes espéraient la retirer brin à brin,
parcequ'au fond elle ne leur allait pas.

Il ne se posait donc que des pierres
d'attente dans l'édifice du gouvernement.
On avait refait la noblesse ; mais on ne
lui avait donné ni des prérogatives ni du
pouvoir. Elle n'était pas démocratique,
parcequ'elle était exclusive.—Elle n'était
pas aristocratique, puisqu'elle n'était rien
dans l'état. C'était donc un mauvais

service qu'on avait rendu à la noblesse,
en la remettant sur pied de cette manière.
Car on l'avait mise en prise, parcequ'elle
était offensante, sans lui donner aucun
moyen de se défendre. C'était un contresens qui devait amener des froissemens
continuels.

On voulait refaire le clergé; mais on
choisit un évêque défroqué pour relever
le trône et l'autel.

On voulait passer l'éponge sur la Révolution, mais on exhumait ses cadavres.

On voulait faire marcher la révolution
de 89 avec les royalistes, et la contre-révolution du 31 Mars avec des ex-conven-
tionels. Ils faisaient également mal leur
devoir; parcequ'on ne fait marcher des
révolutions qu'avec les hommes qui sont
nés avec elles. Le roi n'auroit dû se
servir que de gens de vingt ans.

On voulait maintenir la Révolution et
l'on avilissait ses institutions. On dé-
courageait par là la masse de la nation,
qui avait été élevée avec elles, et s'était
accoutumée à les respecter.

On gardait mes soldats, parcequ'on en
avait peur, et on les faisait passer en

revue par des gens qui parlaient de gloire, en saluant des Cosaques.

Personne ne prenait confiance dans ce qui existait, parcequ'on n'y voyait de points d'appui nulle part. Ils n'étaient pas dans les intérêts, puisqu'ils étaient tous compromis; ni dans les opinions, puisqu'elles étaient toutes froissées; ni dans la force, puisqu'il n'y avait à la tête des affaires ni bras ni volonté.

J'étais assez bien informé de ce qui se passait à Vienne, dans ce Congrès, où l'on s'amusait à me singer. Je sus à tems que les ministres de France avaient décidé le Congrès à m'enlever de l'Isle d'Elbe, pour m'exiler à St. Hélène. J'eus quelque peine à croire que l'Empereur de Russie eût consenti à manquer si vite à la foi des traités; car j'ai toujours eu beaucoup d'estime pour son caractère, mais enfin j'acquis cette certitude, et je pensai à me soustraire au sort qu'on me destinait.

Mes faibles moyens de défense auraient été bientôt anéantis. Je devais donc essayer de m'en créer d'assez grands, pour me rendre une seconde fois redoutable à mes ennemis.

La France n'avait point de confiance
dans son gouvernement. Le gouvernement n'en avait point dans la France.
La nation avait senti que ses intérêts
n'étaient pas ceux du trône ; que ceux
du trône n'étaient pas les siens. C'était
une trahison mutuelle qui devait perdre
l'un ou l'autre. Il était tems de la prévenir, et je conçus un projet qui paraîtra
audacieux dans l'histoire, et qui n'était
que raisonnable en réalité.

Je pensai à remonter sur le trône de
France. Quelque faibles que fussent mes
forces, elles étaient encore plus grandes
que celles des royalistes ; car j'avais pour
allié l'honneur de la patrie, qui ne périt
jamais dans le cœur des Français.

Je me confiai dans cet appui. Je passai
en revue cette petite troupe à laquelle
je destinais une si grande entreprise. Ces
soldats étaient mal vêtus, car je n'avais
pas eu de quoi les équipper à neuf. Mais
ils avaient des cœurs intrépides.

Mes préparatifs ne furent pas longs, car
je n'emportai que des armes. Je pensai
que les Français nous donneraient de

tout. Le colonel Anglais qui séjournait près de moi, avait été se divertir à Livourne, et je mis à la voile par un bon vent.

Notre petite flotille n'éprouva pas d'accident. Notre traversée dura cinq jours. Je revis la côte de France près de la même plage où j'avais pris terre quinze ans auparavant, à mon retour d'Egypte. La fortune semblait me sourire comme alors : comme alors je revenais sur cette terre de la gloire, pour relever ses aigles, et lui rendre son indépendance.

Je débarquai sans obstacle. Je me retrouvai en France. J'y revenais malheureux. Mon cortège ne consistait qu'en un petit nombre d'amis et de frères d'armes, qui avaient partagé avec moi le bonheur et l'adversité. Mais c'était une raison pour attirer le respect et l'amour des Français.

Je n'avais point de plan déterminé, parceque je n'avais que des données vagues sur l'état des choses. J'attendais mes décisions des événemens. J'avais seulement quelques partis pris pour des cas probables.

Je n'avais qu'une seule route à tenir, parcequ'il me fallait un point d'appui. Grenoble était la place forte la plus voisine. Je marchai donc sur Grenoble aussi vite que possible, parceque je voulais savoir à quoi m'en tenir sur mon entreprise. L'accueil que je reçus sur ma route dépassa mon attente, et confirma mon projet. Je vis que la portion du peuple, qui n'était corrompue ni par des passions ni par des intérêts, conservait un caractère mâle que l'humiliation blessait.

Je découvris enfin les premières troupes qu'on avait fait marcher contre moi. C'étaient de mes soldats. Je m'avançai sans crainte, tant j'étais sûr qu'ils n'oseraient faire feu sur moi. Ils revoyaient leur empereur marchant à la tête de ces vieux maîtres de la guerre, qui leur avaient si souvent tracé le chemin du combat. J'étais le même encore, puisque je leur rapportais l'indépendance avec mes aigles.

Qui n'aurait pu croire que des soldats Français balanceraient un moment entre des sermens officiels prêtés sous les drapeaux de l'étranger, et la foi qu'ils avaient jurée à celui qui venait pour affranchir leur patrie?

Le peuple et les soldats me reçurent avec les mêmes cris de joie. Je n'avais que ces cris pour cortège; mais ils valaient mieux que toutes les pompes, car ils me promettaient le trône.

Je m'attendais à trouver quelque résistance de la part des royalistes; mais je me trompais: ils ne m'en opposèrent aucune, et j'entrai dans Paris sans les appercevoir, si ce n'est aux fenêtres. Jamais entreprise, plus téméraire en apparence, ne coûta moins de peine à exécuter: c'est qu'elle était conforme au vœu de la nation, et que tout devient facile quand on suit l'opinion.

La Révolution fut terminée en vingt jours, sans avoir coûté une seule goutte de sang. La France avait changé d'aspect. Les royalistes allèrent crier au secours chez les alliés. La nation rendue

à elle-même reprit de la fierté. Elle
était libre, puisqu'elle venait de faire,
en me replaçant sur le trône, le plus
grand acte de spontanéité qui appar-
tienne aux peuples. Je n'y étais aussi que
par son vœu ; car je ne l'aurais pas conquise avec mes six cents soldats. Elle
ne me redoutait plus comme prince. Elle
m'aimait comme son sauveur. La grandeur de mon entreprise avait effacé mes
revers ; elle m'avait rendu la confiance
des Français. J'étais de nouveau l'homme
de leur choix.

Jamais aussi la totalité d'une nation ne
s'est exposée à la situation la plus dan-
géreuse avec tant d'abandon et d'intrépidité. Elle n'en a calculé ni le péril ni
les conséquences. L'amour de l'indépendance enflammait ce peuple, que
l'histoire placera avant tous les autres.

J'avais refusé la paix qu'on m'offrait à
Chatillon, parceque j'étais sur le trône
de France, et qu'elle me faisait descendre
trop bas. Mais je pouvais accepter celle
qu'on avait accordée aux Bourbons,
parceque je venais de l'île d'Elbe, et l'on

L

peut s'arrêter quand on monte ; jamais quand on descend.

Je crus que l'Europe, étonnée de mon retour et de l'énergie du peuple Français, craindrait de recommencer la guerre avec une nation dont elle voyait la témérité, et avec un homme dont le caractère était plus fort, à lui seul, que toutes ses armées.

Il en aurait été ainsi, si le congrès eût été séparé, et que nous eussions traité avec les souverains un à un. Mais leur amour-propre s'échauffa, parcequ'ils étaient en présence ; et mes efforts pour maintenir la paix n'aboutirent à rien.

J'aurais dû prévoir ce résultat, et profiter sans retard du premier élan du peuple, pour montrer à quel point nous étions redoutables. L'ennemi aurait pâli devant notre audace. Il ne vit que de la faiblesse dans mon tâtonnement. Il avait raison, car je n'agissais plus d'après mon caractère.

Mon attitude pacifique endormit la nation, parceque je lui laissai croire que la paix était possible. Dès lors mon système de défense fut perdu, parceque les moyens de résistance restèrent au dessous du danger.

Il fallait recommencer une révolution pour me donner toutes les resources qu'elles créent. Il fallait remuer toutes les passions pour profiter de leur aveuglement. Sans cela je ne pouvais pas sauver la France.

J'en aurais été quitte pour régulariser cette seconde révolution, comme je l'avais fait de la première ; mais je n'ai jamais aimé les orages populaires, parcequ'il n'y a point de bride pour les mener, et je me suis trompé en croyant qu'on pouvait défendre les Thermopyles en chargeant ses armes en douze tems.

J'ai voulu faire cependant une partie de cette révolution ; comme si je n'avais pas su que les demi-partis ne valent rien. J'offris à la nation de la liberté, parcequ'elle s'était plainte d'en avoir manqué sous mon premier règne. Cette liberté produisit son effet ordinaire. Elle mit les paroles à la place des actions. La caste impériale se dégoûta, parceque j'ébranlais le système auquel elle avait attaché ses intérêts. La foule de la nation leva les épaules, parcequ'elle se soucie fort peu de la liberté. Les républicains se défièrent de mon allure, parcequ'elle n'était pas dans ma nature.

Je mis ainsi moi-même la désunion dans l'état. Je m'en apperçus, mais je comptais sur la guerre pour le rallier. La France venait de se relever avec tant de fierté; elle avait montré tant de mépris pour l'avenir; sa cause était si juste, (puisque c'était le droit le plus sacré des nations), que j'espérai voir prendre les armes à tout le peuple par un seul cri d'honneur et d'indignation. Mais il était trop tard.

Je sentis le danger de ma position. Je mesurai l'attaque et la défense. Elles n'étaient pas en proportion. Je commençai à me défier de mes moyens; mais ce n'était pas le moment de le dire. Par un hazard malheureux, ma santé se dérangea aux approches de la dernière crise. Je n'avais plus qu'une ame ébranlée dans une corps souffrant. Les armées s'avançaient. Dans la mienne, il

y avait du dévouement et de l'enthousiasme dans le soldat. Mais il n'y en avait
plus dans leurs chefs. Ils étaient fa-
tigués; ils n'étaient plus jeunes; ils
avaient beaucoup fait la guerre; ils
avaient des terres et des palais. Le roi
leur avait laissé leurs fortunes et leurs
places. Ils venaient comme des avan-
turiers les risquer de nouveau avec moi.
Ils recommençaient leur carrière, et quelqu'amour qu'on ait pour la vie, on n'aime
pas à y repasser deux fois; c'était peut-être
trop exiger de la nature humaine.

Je partis pour le quartier-général, seul
contre le monde entier. J'essayai de le
combattre. La victoire nous fut fidèle le
premier jour; mais elle nous trompa le
lendemain. Nous fumes vaincus, et la
gloire de nos armes vint finir dans les
mêmes champs où elle avait commencé
vingt-trois ans auparavant.

J'aurais pu me défendre encore, car
mes soldats ne m'auraient pas abandonné; mais on n'en voulait qu'à moi seul.
On demandait aux Français de me livrer
aux ennemis: c'était leur demander une

lâcheté pour les forcer à se battre. Je ne
valais pas un si grand sacrifice. C'é-
tait à moi à me démettre. Je n'avais pas
même de choix. Décidé à me rendre aux
ennemis, j'espérais qu'ils se contente-
raient de l'ôtage que j'allai mettre dans
leurs mains, et qu'ils placeraient la couronne sur la tête de mon fils.

Il était impossible de mettre cet enfant
sur le trône en 1814 ; la chose était je crois
convenable en 1815. Je n'en dis pas les
motifs ; l'avenir les dévoilera peut-être.

Je n'ai quitté la France qu'au moment
où l'ennemi s'est approché de ma retraite.
Tant qu'il n'y eut que des Français autour
de moi, j'ai voulu rester au milieu d'eux
seul et désarmé ; c'était la dernière preuve
de confiance et d'affection que je pouvais
leur donner. C'était un grand témoignage
que je rendais à leur loyauté à la face du
monde.

La France a respecté dans moi le malheur, jusqu'au moment où j'ai quitté
pour jamais son rivage. J'aurais pu
passer en Amérique, et promener ma défaite dans le nouveau monde ; mais après

avoir régné sur la France, il ne fallait pas avilir son trône en cherchant d'autre gloire.

Prisonnier sur un autre hémisphere, je n'ai plus à défendre que la réputation que l'histoire me prépare. Elle dira qu'un homme pour qui tout un peuple s'est dévoué, ne devait pas être si dépourvu de mérite que ses contemporains le prétendent.

Imprimé par Jean M'Creery,
Black Horse Court, Fleet Street, Londres.